Michael und Hilary Perrott

PACK'S AN!

W0179332

Was
wirklich gegen
Aufschieberitis
hilft

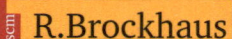

Die englische Originalausgabe erschien unter dem Titel
JUST DO IT AND MAKE LIFE WORK bei CWR, Farnham, Surrey, UK.
Copyright © 2006 Michael und Hilary Perrott

Deutsch von Anke Becker

Die Bibelzitate wurden der Neues Leben Bibel entnommen:
Neues Leben. Die Bibel © Copyright der deutschen Ausgabe
2002 und 2005 by Hänssler Verlag, D-71087 Holzgerlingen.

© der deutschen Ausgabe:
2008 R. Brockhaus Verlag im SCM-Verlag GmbH & Co. KG, Witten
Umschlag: Kolja Kunstreich, Wuppertal
Satz: www.factory-media.net | Remscheid
Druck: Finidr, s. r. o., Tschechien
ISBN 978-3-417-26235-3
Best.-Nr. 226.235

PACK'S AN!

Was wirklich gegen Aufschieberitis hilft

MICHAEL UND HILARY PERROTT

- STARREN SIE AUF EINE AUFGABE UND BEGINNEN NICHT DAMIT?
- GEHEN SIE VOR SCHWIERIGKEITEN IN DECKUNG?
- SIND SIE ENTMUTIGT, WEIL SIE NICHT SO SIND, WIE SIE SEIN SOLLTEN?
- FÜHLEN SIE SICH ÜBERFORDERT?
- DREHEN SIE SICH STÄNDIG IM KREIS?

INHALT

PACK'S AN !

... NICHT AUSGERECHNET JETZT

... ES SPÄTER TUN

... DIE JAGD NACH DEM DOKUMENT

... BESTE ABSICHTEN

... HÄTT ICH'S DOCH NUR GETAN!

... TRÄUME SIND NICHT GENUG

... DIE KONTROLLE ÜBER IHR LEBEN

... BEWÄHRTE PRINZIPIEN

PACK'S
AN!

PACK'S AN!

Wir alle sagen es:

„Nicht ausgerechnet jetzt ...", „Ich mache das später ...", „Ich wünschte, ich könnte mich dazu aufraffen ...". Wir nutzen jeden erdenklichen Trick, den wir kennen, um eine Sache auf die lange Bank zu schieben. Wir verschieben also unnötigerweise auf „morgen", was wir schon „heute" hätten erledigen können, obwohl wir wissen, dass die Folgen für uns oder andere von Nachteil sein könnten.

KOMMT IHNEN DAS BEKANNT VOR? >>

 ## DIE JAGD NACH DEM DOKUMENT

Sie sind auf der Suche nach einem Dokument. Es ist auf geheimnisvolle Weise verschwunden. „Wo habe ich es hingelegt?" Sie suchen es überall. Es ist nicht auf dem Schreibtisch und nicht in der Schublade. Es muss sich in einem Aktenordner befinden. Aber in welchem …?

15 Minuten und 25 Aktenordner später: Es ist definitiv in keinem Aktenordner. „Habe ich es in ein Regal gelegt?" Oberstes Regalfach: alles rausnehmen, sorgfältig durchschauen, zurücklegen. Zweites Regalfach: die gleiche Prozedur. Drittes Regalfach: wie eben. Ein starker Kaffee, um die Nerven zu beruhigen. Sich wieder an den Schreibtisch setzen, noch einmal die Schublade öffnen, in der sich eine Handvoll Papiere befindet. Eins fällt auf den Boden. Sie heben es auf … Das kann doch nicht sein … aber da ist es! „Wenn ich es doch nur gleich abgeheftet hätte!"

DAS AUTO, DAS NICHT ANHIELT

Als er bremste, merkte er, dass das Auto nicht so schnell reagierte wie gewöhnlich. „Ich muss das überprüfen lassen, ich muss das überprüfen lassen", ermahnte er sich. Aus einem Monat wurden zwei, aus zwei wurden vier. Das Auto vor ihm hielt plötzlich an, sein Auto tat es nicht. Der Untersuchungsbericht über seinen beschädigten Wagen bescheinigte abgefahrene Reifen und defekte Bremsen. Das Urteil lautete, er sei mit einem nicht verkehrstauglichen Wagen gefahren ... Punkte in Flensburg. Die Versicherung zahlte nicht – er tat es! Wenn er doch nur ...

 ## DIE WAAGE, DIE DIE WAHRHEIT SAGTE

Man steht auf der Waage und starrt ungläubig auf die Ziffern zu seinen Füßen. Man steigt runter und wieder rauf, in der Hoffnung, dass die Waage etwas anderes anzeigen wird. Sie weigert sich. Man lehnt sich vor und zurück, wackelt mit den Zehen, putzt sich die Brille. Irgendwie bestand die Hoffnung, die Kleidung sei in der Wäsche eingelaufen, aber jetzt ... Man steigt noch einmal runter und überprüft, ob der Zeiger wirklich auf null steht ... null, bedauerlicherweise. Es folgt der kritische Blick in den Spiegel: zuerst von vorn – gar nicht so schlecht; nun von der Seite – huch! *Das* hätte man sich besser erspart ...

Das alte Leiden: Man hat die guten Vorsätze nicht in die Tat umgesetzt, und das sind nun die Folgen. Wenn man doch nur ...

 ## DER RAUCHMELDER, DER NICHT DA WAR

Als während der Nacht ein Feuer ausbrach, brachte die Mutter das Baby in Sicherheit, aber ihr Mann, der die anderen Kinder retten wollte, starb mit ihnen in den Flammen. Nur ein paar Tage vorher hatten sie zu Freunden gesagt: „Wir müssen wirklich einen Rauchmelder kaufen." Wenn sie doch nur ...

Wenn man es doch nur getan hätte: das Dokument abgeheftet, die Bremsen überprüfen lassen, vernünftig gegessen und trainiert, einen Rauchmelder installiert – dann wäre alles ganz anders ausgegangen.

Nach außen zeigt man ein Lächeln, aber tief in sich spürt man das ermüdende Gewicht des Aufgeschobenen. Man verspricht sich selbst: „Ich werde es tun", aber nach einem Energieschub verfällt man wieder in die alte Schluderei. Die Zeit vergeht, und man entdeckt, dass die eigene Entschlossenheit längst nicht so stark war, wie

DIE VERÄNDERUNG FÄLLT SCHWERER, WENN MAN SIE VERSCHIEBT.

man dachte. Später wird sie zum bloßen Wunsch degradiert. Ein Jahr drauf ist auch der Wunsch nicht mehr vorhanden. Aber die Veränderung fällt schwerer, wenn man sie verschiebt.

Manche Menschen sind chronisch von der Krankheit „Aufschieberitis" befallen: Das banale, unnötige Hinauszögern dringt in die innerste Struktur ihres Seins und formt den Menschen, zu dem sie schließlich werden. Gehören Sie dazu?

Man kann es auch eine Seuche oder ein Gift nennen. Die Gewohnheit, etwas auf die lange Bank zu schieben, kann im wahrsten Sinne des Wortes die Seele zerstören. Sie zu überwinden, wird Ihr Leben verändern. Wir träumen davon, wie wir gerne sein möchten und was wir gerne tun würden, aber unsere Träume erfüllen sich nicht. Warum? Weil ein Traum nichts ist ohne ein Ziel, ein Ziel nichts ohne einen Plan und ein Plan nichts ohne den Willen, ihn durchzuführen.

 ## WO STEHEN SIE IN IHREM LEBEN?

Haben Sie klare Ziele? Wissen Sie, wo Sie sich befinden, und marschieren Sie mutig voran? Haben Sie Frieden mit sich selbst und sind Herr über Ihre Zeit? Oder ist das alles nur ein Traum? Vielleicht ist Ihre Wirklichkeit der Schauplatz eines allgemeinen Durcheinanders. Sie lassen sich treiben, anstatt auf ein Ziel zuzusteuern, Ihr Leben ist verworren und Sie kennen die Niederlage besser als den Sieg.

WAS WOLLEN SIE?

Die meisten Menschen haben eins gemeinsam: Sie wollen frei sein. Nicht frei in dem Sinne, dass sie auf der falschen Straßenseite fahren möchten – das könnte eine Katastrophe geben. Auch von äußeren Gegebenheiten wie dem Wetter oder dem Einfluss der Gene kann sich der Mensch nicht befreien. Doch jeder sehnt sich nach der Freiheit, der Mensch zu sein, der er in seinen Träumen ist. Jeder Mensch möchte die Kontrolle über sein Leben haben. Und er will das Beste aus dem einen Leben machen, das ihm zur Verfügung steht.

Wir sind daran gewöhnt, vorwärtszuzählen: die Anzahl der Jahre seit unserer Geburt. Doch es kommt der Punkt, da man beginnt, rückwärtszuzählen – mit der langsam dämmernden Erkenntnis, dass immer weniger Zeit zur Verfügung steht, um das zu erreichen, was man sich erhofft hatte. Wir möchten, dass unser Leben wirklich Bedeutung hat.

 ## WIE KÖNNEN SIE DORTHIN KOMMEN?

Darum geht es in diesem Ratgeber. Er liefert keine passenden Antworten auf alle Fragen, sondern Prinzipien, die von vielen Menschen getestet worden sind. Sie zu beherzigen, wird Ihr Leben verändern. Es geht in der Tat um die Kunst, „es einfach zu tun" – ob man sich danach fühlt oder nicht.

Lassen Sie sich von dem Werdegang eines Mannes ermutigen, der in der Schule immer schlecht gewesen ist und sich acht Jahre lang mit miesen Jobs durchschlug. Der Amerikaner Brian Tracy fühlte sich absolut minderwertig, bis er etwas tat, was sein Leben veränderte: Er ging auf erfolgreiche Leute zu und fragte sie, wie sie so weit gekommen seien. Er hörte zu und lernte. Danach baute Tracy mehrere Firmen auf, machte einen Wirtschafts-abschluss, erlernte drei Sprachen und wurde zum Redner,

Trainer und Berater. Heute hält er Vorträge und Seminare vor 300 000 Leuten pro Jahr. Das Geheimnis seines Erfolgs bestand darin, *Prinzipien zu erkennen und sie in die Tat umzusetzen.* Das ist es, was zu tun ist! So zu handeln, kann jeden Bereich Ihres Lebens beeinflussen:

* das Materielle – *was Sie erreichen;*
* das Emotionale – *wie Sie sich fühlen;*
* das Soziale – *die Art, wie Sie Beziehungen gestalten;*
* das Spirituelle – *wie Ihre geistlichen Bedürfnisse gestillt werden.*

Es sei vorweg angemerkt, dass die Autoren dieses Ratgebers engagierte Christen sind. Doch die vorgestellten Prinzipien sind allgemeingültig und können von jedem mit Gewinn angewendet werden.

Im Folgenden werden Sie den Unterschied sehen, wenn ein zögerndes „Du müsstest eigentlich" zu einem bestimmten „Pack's an!" wird. Aber bevor das passieren kann, müssen Sie damit beginnen, sich selbst zu verstehen ...

PACK'S
AN !

ERKENNEN SIE
PRINZIPIEN UND
SETZEN SIE
SIE DANN UM!

SICH SELBST VERSTEHEN

... VOR SCHWIERIGKEITEN
IN DECKUNG GEHEN

... DER SCHMERZ UND DER NUTZEN

... WER NICHT BEGINNT,
KANN NICHT SCHEITERN

... IN AUSGEFAHRENEN
GLEISEN HÄNGEN

... SICH NICHT DANACH FÜHLEN

... ÜBERLAST ODER ÜBERDRUSS?

SICH SELBST
VERSTEHEN

SICH SELBST VERSTEHEN

VOR SCHWIERIGKEITEN IN DECKUNG GEHEN

Schieben Sie immer wieder Dinge auf die lange Bank? Es ist unwahrscheinlich, dass Sie mit dieser Neigung geboren wurden. Als Baby waren Sie ein *Jetzt*-Mensch. Babys haben *jetzt* Hunger, müssen *jetzt* gewickelt, wollen *jetzt* auf den Arm genommen werden. Das hat nichts mit dem Geschlecht oder der Intelligenz zu tun. Es ist auch nicht abhängig vom Alter, außer dass unsere geistigen Prozesse mit der Zeit langsamer werden oder Gewohnheiten tiefer verwurzelt sind.

Manche machen Witze über ihre Verzögerungstaktik: „Wenn ich das Gefühl habe, etwas tun zu müssen, lege ich mich hin, bis das Gefühl verschwindet!" Der englische Autor Jerome K. Jerome (*Drei Mann in einem Boot*) prägte den scherzhaften Ausspruch: „Ich liebe Arbeit, sie fasziniert mich: Ich kann dasitzen und stundenlang anderen dabei zuschauen."

Manche sind auch stolz darauf. Es gibt sogar Vereine von „Aufschiebern". Einer davon ruft im Internet Menschen zum Beitritt auf – für den Fall, dass er jemals gegründet wird! Dieses Verhalten ist seit Langem bekannt. Schon die Römer hatten ein Wort dafür: Das lateinische *procrastinare* bedeutet „etwas auf morgen verschieben".

Dennoch schämen sich die meisten von uns und hoffen, dass niemand herausfindet, was wir noch nicht erledigt haben oder wie fest verwurzelt diese Gewohnheit ist. Möglicherweise schiebt man es auf die äußeren Umstände, auch wenn das wirkliche Problem man selbst ist.

DAS PASSIERT ÜBLICHERWEISE:

* Man weiß, was man tun sollte.
* Man erfindet Ausreden, um es *jetzt* nicht zu tun.
* Man wünscht sich, dass man es bereits getan hätte.
* Man erledigt es auf die alte Weise (in letzter Sekunde) oder überhaupt nicht.
* Man verspricht sich selbst, dass man nicht noch einmal etwas aufschiebt.
* Aber man tut es noch mal ... und noch mal ... und noch mal.

Beachten Sie: Leute, die körperlich oder seelisch krank sind, müssen sich nicht schuldig fühlen; das Aufschieben kann für sie sogar ein notwendiger Teil des Heilungsprozesses sein.

 ## GRÜNDE FÜR DAS AUFSCHIEBEN

Sicher gibt es gute Gründe für das Aufschieben. Möglicherweise ist man körperlich oder seelisch nicht dazu in der Lage zu handeln. Man steckt fest, ist ausgepowert oder braucht eine neue Perspektive. Wenn man z.B. keine zusätzlichen Informationen bekommt, könnte man falsche Schlüsse für seine Arbeit ziehen. Sich mehr Zeit zu nehmen, ist vielleicht die beste Wahl, wenn man die Fakten überprüfen oder wieder einen klaren Kopf bekommen muss. Man darf das Hinauszögern nicht mit dem Verschieben aus Vernunftgründen und dem sorgfältigen Überlegen verwechseln. Hier geht es um das unnötige Aufschieben.

Der „Aufschieber" handelt so, um entweder Unannehmlichkeiten zu vermeiden oder Genuss zu erleben. Aber wenn Sie in Ihrem Leben Fortschritte machen wollen, müssen Sie dazu bereit sein, sich für eine kurze Zeit Genuss zu versagen und die Unannehmlichkeiten zu ertragen. Nur so

AUFSCHIEBER HANDELN SO, UM UNANNEHMLICHKEITEN ZU VERMEIDEN ODER GENUSS ZU ERLEBEN

können Sie auf lange Sicht „Leid" vermeiden und Genuss erleben. Zum Beispiel gibt man den Genuss des Rauchens auf und erträgt das Leid des Entzugs, um das Leid der Krankheit zu vermeiden und in den Genuss eines gesunden Lebens zu kommen.

Was hindert Sie daran, damit zu beginnen? Ist das Problem aufgaben- oder personenbezogen (auf einen Einzelnen oder eine Gruppe, den/die Sie meiden) oder kommt es von tief innen? Werfen Sie einen ehrlichen Blick auf sich selbst!

 **ANGST VOR:**

KONFLIKTEN

Sie wissen, wenn Sie sich mit dieser Angelegenheit befassen, könnte es zu erhitzten Wortgefechten kommen. Sie erwarten harte Worte oder sind nicht sicher, dass Sie nicht selbst solche gebrauchen werden. Möglicherweise wird eine Freundschaft zerstört und der Schmerz ist tagelang zu spüren ... oder jahrelang.

In einem Ausschuss wird ein Problem aus Furcht vor einem schwierigen Kollegen nicht angesprochen. Auf diese Weise wird ein veralteter Ablauf beibehalten, den man besser überdacht hätte.

Ein Elternteil zögert, ein stürmisches Teenager-Mädchen mit seinem ständigen Egoismus zu konfrontieren.

Ein Ehemann sagt lachend: „In unserer Ehe gibt es einige große Probleme, aber ich zögere, sie anzusprechen.

Wenn es zwischen uns gut läuft, möchte ich das nicht zerstören; wenn es schlecht läuft, möchte ich es nicht noch schlimmer machen!"

ABLEHNUNG

Eine Bewerbung für einen Job ist noch nicht fertig aus Angst vor einer Absage. Ein Student ist spät dran damit, eine Arbeit abzugeben, aus Furcht vor einer schlechten Note – schon wieder. Ein Telefonanruf wird nicht gemacht aus Angst davor, dass der andere sofort auflegt ... Jeder von uns hat so etwas schon einmal erlebt. Aber besonders dann, wenn jemand in der Kindheit Ablehnung erfahren hat, kann sich die Angst davor tief in die Seele eingraben. Für manche ist die Erinnerung ein wahres Monster und sie schrecken vor Situationen zurück, die sie daran erinnern.

ZU BESCHÄFTIGT
... ZU LANGSAM
... ZU SPÄT!

ABLEHNUNG

Als sie gefragt wurde: „Würden Sie einen Gesundheits-
Check machen lassen?", antwortete eine eigentlich
intelligente Frau: „Nein. Wäre es nicht schrecklich herauszufinden, dass etwas nicht in Ordnung ist?"

Ein Mann erkrankte im Alter an Fettleibigkeit. Er igno-
rierte es – und bekam Diabetes. Ein anderer litt unter
Kurzatmigkeit und Schmerzen in der Brust. „Ich gehe nicht
gerne zu Ärzten", murrte er am Tag vor seinem Herzinfarkt.
Eine Frau ertastete einen Knoten in ihrer Brust. Sie hatte
die Vorsorgeuntersuchung zu lange vor sich hergeschoben.

Diese Menschen wollten keine schlechten Nachrichten
hören und entschuldigten sich damit, zu beschäftigt zu
sein. Zu beschäftigt ... zu langsam ... zu spät! Der „Zeit-
Dieb" wurde zum „Lebens-Dieb".

Die Angst davor, etwas Schlimmes zu entdecken, kann
sich bis in den geistigen Bereich ausbreiten. Der Biograf
Gamaliel Bradford schrieb: „Ich traue mich nicht, das Neue
Testament zu lesen, aus Furcht davor, einen Sturm des
Zweifels und der Angst davor zu wecken, den falschen Weg
gewählt zu haben."

Ganz anders war die Einstellung von C.S. Lewis, der
bekannte: „Zum ersten Mal prüfte ich mich ehrlich vor mir
selbst und entdeckte etwas, was mich erschreckte: einen
Zoo voller Begierden, ein Tollhaus voller Ehrsucht, einen
Kindergarten voller Ängste, einen Harem voller gut ge-
pflegter Hassgefühle. Mein Name war Legion."

Diese Entdeckung, obwohl lange hinausgezögert, führte
schließlich zu seinem überaus großen Vertrauen in
Christus.

VERÄNDERUNG

Die Vertrautheit des Alten und die Angst vor Veränderung können uns lähmen. Eine Frau harrte jahrelang in einer Beziehung aus, in der sie missbraucht wurde, weil das die einzige Art von Beziehung war, die sie kannte. Sie wusste nicht, wie sie ohne diesen Mann klarkommen konnte. Mit einem anderen hätte es noch schlimmer sein können.

VERSAGEN

Wenn wir versagen, kann das alles zwischen entmutigend (wenn es privat ist) und erniedrigend (wenn es öffentlich ist) sein. Deswegen gelangen einige zu der Einstellung, dass man nicht versagen kann, wenn man gar nicht erst mit etwas beginnt. Sie müssen sich jedoch in Erinnerung rufen, dass ein Mensch, der etwas versucht und dabei versagt, *kein* Versager ist. Winston Churchill schaffte es zwei Mal nicht, in die Royal Military Academy in Sandhurst aufgenommen zu werden. Und Albert Einstein fiel beim ersten Versuch der Aufnahmeprüfung des Eidgenössischen Polytechnikums in Zürich durch.

Das Versagen ist selten endgültig und es steckt viel Weisheit in den Worten: „Wer nie einen Fehler gemacht hat, hat überhaupt nichts gemacht." Wenn Sie beim ersten Mal keinen Erfolg haben, versuchen Sie es noch mal ... und noch mal und noch mal, so lange, bis es klappt!

 **DIE GRÜNDE**

NACHAHMUNG

Als Kinder lernen wir durch Nachahmung. Die Art, wie Eltern oder andere wichtige Menschen mit dem umgingen, was getan werden musste, kann uns mehr beeinflusst haben, als wir denken. So, wie wir unbewusst ihren Dialekt angenommen haben, haben wir auch ihre Art des Handelns übernommen.

Oder wir verhalten uns genau gegensätzlich dazu!

TROTZ

Man weigert sich, herumkommandiert zu werden, und verzögert etwas absichtlich, um seine Unabhängigkeit zu demonstrieren. Man will es in seinem eigenen Zeitrahmen erledigen und dann, wenn man dazu bereit ist. Man hat sich diese Situation nicht ausgesucht, aber man kann sich aussuchen, wie oder ob man etwas ausführt.

Wir wissen, dass wir jemandem eins auswischen können, indem wir Zeit, Arbeit, Anstrengung oder Zusammenarbeit verweigern. Etwas hinauszuzögern kann eine Art sein, sich zu rächen.

CHARAKTER

Für manche Charaktere kann das Handeln schwierig sein. Wenn Harmonie für Sie das Wichtigste ist, schrecken Sie vielleicht davor zurück, sich mit Angelegenheiten zu befassen, die zu Konflikten führen. Wenn es Ihnen wichtig ist, alle Möglichkeiten offenzuhalten, kann es zum Problem werden, Entscheidungen zu treffen. Dem einen hilft die Vorhersehbarkeit dabei, eine Aufgabe zu bewältigen. Ein anderer dagegen, den gleichförmige Arbeit langweilt, wird leicht von dem abgelenkt, was ihm herausfordernder erscheint. Wer nicht gerne einsam ist, zögert möglicherweise, mit einem Projekt zu beginnen, bei dem er mehr mit Akten als mit Menschen zu tun hat. Jemand anders lässt das Projekt bis zur letzten Minute liegen, weil er den Adrenalinkick mag. Ein Mensch, der eine niedrige Frustrationstoleranz hat, denkt: „Warum muss mir das passieren?", und gibt auf.

GEWOHNHEITEN

Die Macht der Gewohnheit wird mit der Zeit stärker, und wenn das Aufschieben erst einmal zum festen Lebensstil geworden ist, ist es schwer, das wieder zu ändern. Der griechische Philosoph Aristoteles lehrte richtigerweise: „Wir sind das, was wir oft tun." Es ist leicht, sich in ausgefahrenen Gleisen zu bewegen, und schwer, sie wieder zu verlassen. An einer unbefestigten Straße im ländlichen Paraguay, die von schweren LKWs befahren wurde, stand ein Schild auf Spanisch: „Wählen Sie eine Spur. Sie werden bis zum Ende der Straße auf ihr bleiben." Wenn man einmal in der Falle sitzt, braucht man Entschlossenheit, um wieder herauszukommen.

PERFEKTIONISMUS

Die „Alles-oder-nichts-Einstellung" des Perfektionismus ist nicht das Streben nach dem Bestmöglichen, sondern etwas viel Tieferes, das oft früh im Leben erlernt wurde. Man hat unrealistische Erwartungen, die einem vielleicht ursprünglich von anderen aufgezwungen wurden, die man aber zu seinen eigenen gemacht hat. Die Wörter „sollte" und „muss" hallen im Kopf wider. Wenn man darauf besteht, vollkommen recht zu haben, ist man möglicherweise unbarmherzig zu sich selbst und anderen. Man vergisst dann, dass es weniger wichtig ist, Dinge absolut richtig zu machen, als *die richtigen* Dinge zu machen.

ÜBERLASTUNG

Da sind zu viele Ausschüsse, in denen wir sitzen, zu viele Leute, denen wir zu helfen versprochen haben, zu viele Interessen, die unsere Aufmerksamkeit benötigen, zu viele Unterlagen, die wir lesen, abheften oder wegwerfen müssen – und man hat zu wenig Zeit, um all das zu tun. Man weiß nicht mehr, was man zuerst erledigen soll, oder verzettelt sich in Belanglosigkeiten. Wenn der überfüllte Kopf nicht aufgibt, tut es der erschöpfte Körper. Etwas in uns schreit „Nein!". Warum?

Ein Mann lachte, während er auf seinen Kopf zeigte: „Hier drin ist zu viel Verkehr: Mein Gehirn ist überfüllt."

Man ist nicht für jedermanns Probleme verantwortlich. Man kann nicht auf jeden Hilferuf reagieren. Dafür gibt es kein besseres Beispiel als Jesus. In den Evangelien lesen wir, dass er mit einigen Menschen Kontakt hatte, aber nicht mit allen. Er, der wusste, wie es war, von allen

Seiten umringt zu werden, wusste auch, wann er sich zurückziehen musste. Niemand war beschäftigter und niemand so entspannt.

FEHLENDE DISZIPLIN

Ein Junge träumte davon, für sein Land zu spielen, kam aber niemals über die dritte Mannschaft seines Vereins hinaus. Warum? Er weigerte sich zu trainieren. Ein Mädchen sah sich selbst als Star der Musikwelt, aber der Stern erstrahlte nicht, weil das Mädchen nie übte. Träume erfordern Disziplin. Von dem englischen Poeten Coleridge wurde gesagt, dass er „sich in Visionen von der Arbeit verlor, die getan werden musste, die aber immer unerledigt blieb. Coleridge hatte jede dichterische Gabe außer einer – die Gabe des ausdauernden, konzentrierten Fleißes."

 **WAS WIR SAGEN**

„ICH FÜHLE MICH NICHT DANACH"

Wir sind nicht in der Stimmung, etwas zu tun, und verschieben es, bis wir es sind. Wir konzentrieren uns mehr auf das *Gefühl* als auf die *Aufgabe*. Aber selbstverständlich verschwindet die Aufgabe nicht.

Sie lauert in einer Ecke unseres Gehirns, springt plötzlich hervor und ruft: „Du solltest das schon längst gemacht haben, du Dummkopf!" Eine Aufgabe hätte innerhalb von Minuten erledigt werden können, doch man hat einen Tag gebraucht, um sich dazu aufzuraffen. Und die Arbeit für einen Tag hat sich über eine Woche hingezogen.

Wenn Sie nach einem Leben suchen, das nur Genuss und keine Mühsal beinhaltet, wo Erfolg keine Disziplin erfordert und Aufregung nicht in Routine übergeht, werden Sie es nicht finden. Das gibt es nicht. Fußballer, die nur trainieren, wenn sie sich danach fühlen, schaffen es nie an die Spitze. Bestsellerautoren sagen, wenn sie nur schreiben würden, wenn sie sich dazu inspiriert fühlten, würden ihre Bücher niemals veröffentlicht. Die harte Arbeit in Angriff zu nehmen, Wörter kunstvoll anzuordnen, erfordert genauso viel Entschlossenheit wie Gefühl. Inspiration braucht Transpiration!

„NICHT AUSGERECHNET JETZT"

Wenn Sie nicht auf die richtige Stimmung warten, warten Sie dann auf den richtigen Zeitpunkt? „Ich werde mit dem Rauchen aufhören – ab Neujahr." „Ich werde mich darum bemühen, fit zu werden – nach dem Urlaub." „Ich werde dieses Essay schreiben – nach der Party." Oder: „Sobald …, werde ich Zeit dafür haben." Mark Twain scherzte: „Verschiebe niemals auf morgen, was du auch übermorgen

EINER DIESER TAGE" KÖNNTE „KEINER DIESER TAGE" WERDEN.

erledigen kannst." Wenn Sie auf den perfekten Zeitpunkt warten, dauert es möglicherweise lange, bis er kommt, und „einer dieser Tage" könnte zu „keiner dieser Tage" werden.

„ICH MUSS ERST DIES MACHEN"

„Dies" ist vielleicht unbedeutend – ein Telefonanruf, eine Fernsehsendung oder ein Gang zur Keksdose. Man läuft ziellos umher. Bei der Arbeit mag es eine unnötige E-Mail sein, ein Herumschieben von Papieren, ein Schwatz mit einem Kollegen; alles, um der unangenehmen Aufgabe aus dem Weg zu gehen. Man schiebt sie auf, und wenn man auf die Uhr schaut, merkt man, dass die Zeit nicht mehr ausreicht, um sie zu erledigen. Das hat man zwar nicht beabsichtigt, aber irgendwie ist es doch das, was man im Geheimen erhofft hatte.

„ZU BESCHÄFTIGT"

Beschäftigt zu sein führt dazu, dass man sich wichtig, gebraucht und gefragt fühlt, denn oft sind es gerade die besonders beanspruchten Menschen, die das meiste schaffen. Warum? Weil sie gut organisiert sind. Sie nehmen sich die Zeit, um zu tun, was getan werden muss. Die Ausrede, „zu beschäftigt" zu sein, verringert somit auch das Schuldgefühl; schließlich hat der Tag nur 24 Stunden. Sie kann aber auch eine Tarnung dafür sein, dass man nicht gut organisiert ist.

Wenn man versteht, warum man Dinge auf die lange Bank schiebt, kann man damit anfangen, Ordnung in sein Leben zu bringen. Am leichtesten gelingt das, indem man sich klare Ziele setzt …

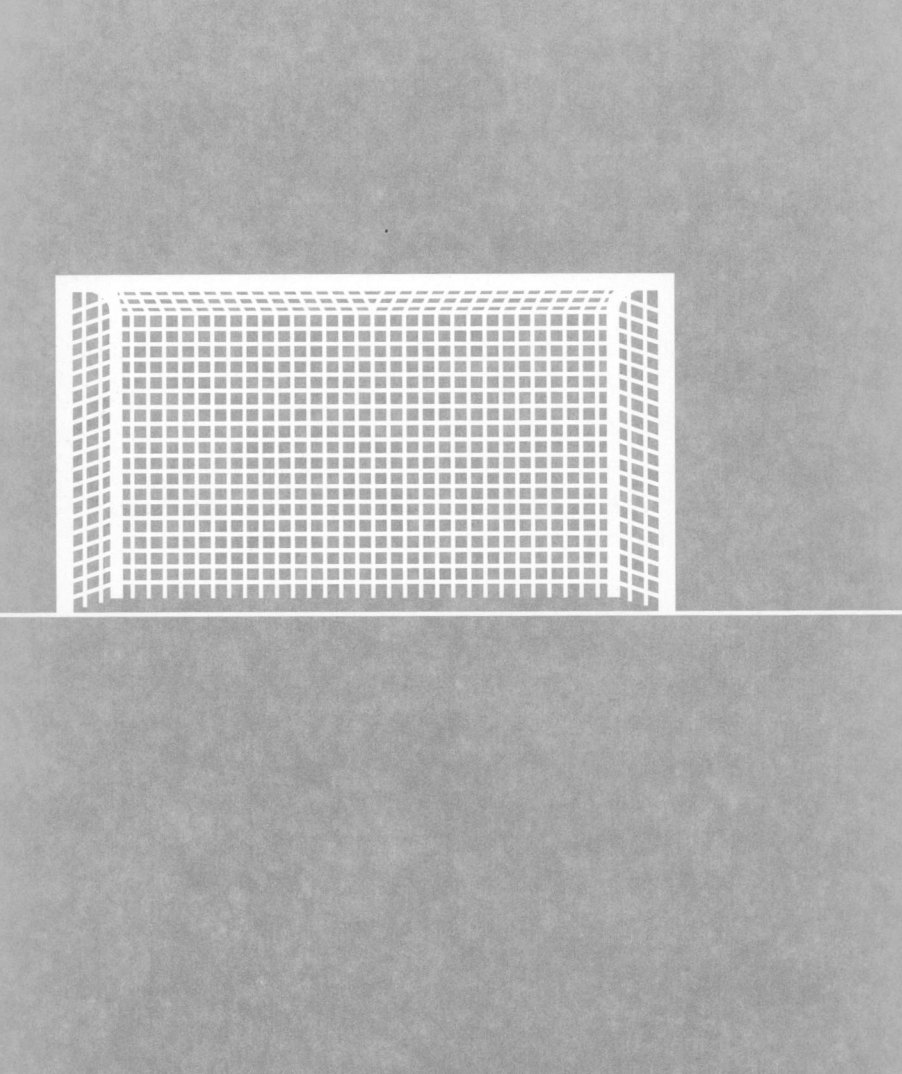

KLARE ZIELE SETZEN

... DIE WICHTIGSTEN DINGE ZUERST

... TRÄUME ERFORDERN ZIELE

... ZU SICH SELBST SPRECHEN

... MIT DEM ENDE BEGINNEN

... WAS BELOHNT WIRD, WIRD ERLEDIGT

... EIN „WIE" ERFORDERT EIN „WARUM"

KLARE ZIELE SETZEN

KLARE ZIELE SETZEN

DIE WICHTIGSTEN DINGE ZUERST

Prioritäten spielen in unserem Leben die größte Rolle. Wenn wir keine haben oder unsicher sind, was wir für wichtig halten, sind wir dazu verdammt, ziellos hin und her zu treiben. Und wir werden immer damit kämpfen zu entscheiden, was wir tun sollen. Wenn wir nicht wissen, was wir wirklich wollen oder nach welchen Normen wir leben sollen, ist es kein Wunder, wenn wir die richtige Richtung nicht kennen. Dann werden wir durchs Leben taumeln.

Ein Mann taumelte ganz sicher nicht durchs Leben – der Apostel Paulus. Er wusste so genau, was in seinem Leben am wichtigsten war, dass er schreiben konnte: „Christus ist mein Leben" (Philipper 1,21). Einige legen ihre Prioritäten früh im Leben fest. Andere realisieren mit Bedauern am Ende, was ihre Prioritäten gewesen sein könnten. Der erste Fall ist besser als der letzte.

Martin Luther Kings berühmter Ausruf „I have a dream" („Ich habe einen Traum") hat ein Echo auf der ganzen Welt hervorgerufen. Aber sein Traum von der Gleichwertigkeit der Schwarzen und der Weißen war nicht nur ein Traum. Er war sein Lebensziel.

EIN ZIEL ERREICHEN

Ein Ziel ist mehr als ein Wunsch. Sie können sich danach sehnen, eine bestimmte Arbeitsstelle zu bekommen oder einen bestimmten Menschen zu heiraten. Aber es ist möglich, dass Sie die Stelle nicht bekommen oder der Mann bzw. die Frau Sie nicht heiraten will. Ziele dagegen sind Wünsche, über die Sie Kontrolle haben. Wenn Sie Gottes Willen für Ihr Leben kennen möchten, sollten Sie sich daran erinnern, dass er sogar mehr als Sie selbst darum bemüht ist, dass Sie diesen erfahren. Das Versprechen lautet: „... der Herr [wird dich] beständig leiten" (Jesaja 58,11), deswegen können Sie zuversichtlich darum beten, dass Sie gute Entscheidungen treffen.

ZIELE MÜSSEN FOLGENDERMASSEN SEIN:

GENAU

Ihre Ziele müssen klar sein. Die große Mehrheit derjenigen, die einen Plan oder ein Projekt nicht bis zum Ende durchgehalten haben, hatte keine klar definierte Absicht. Doch ohne diese kann die Begeisterung nicht am Leben erhalten werden.

ERREICHBAR

Wenn Sie sich zu *hohe* Ziele setzen, werden Sie entmutigt; wenn Sie sich *zu niedrige* setzen, werden Sie nicht herausgefordert. In beiden Fällen verlieren Sie die Begeisterung, und das führt zwangsläufig zum Aufschieben. Wenn Sie *zu viele* Ziele haben, müssen Sie schwierige Entscheidungen treffen, weil es einfach im Leben nicht genug Zeit gibt, um alles zu machen. Wenn Sie das versuchen, werden Sie nichts von bleibendem Wert erreichen. Sie müssen selektiv sein, um effektiv zu sein.

MESSBAR

Ziele müssen entweder bezüglich des Umfangs oder der Zeit messbar sein. Wenn es um die Zeit geht, dann soll es beispielsweise am Ersten des Monats oder am Freitag oder um zwölf Uhr erreicht sein. Falls es ein größeres Projekt ist, müssen Sie vielleicht nicht nur einen Zeitpunkt, sondern einen Zeitplan für jede Phase festlegen.

Ein Ziel bedeutet Handeln und Handeln bedeutet Mühe. „Ich möchte" wird zu „Ich werde". Sportler mit einer Goldmedaille, Musiker mit einer Platinschallplatte und Selfmade-Millionäre haben eins gemeinsam: die Entschlossenheit zu tun, was immer nötig ist, um ihr Ziel zu

erreichen. Wenn Sie etwas erreichen wollen, müssen Sie dazu bereit sein, sich zu ändern. Es gibt viele Beweise dafür, dass diejenigen, die ihre Ziele aufschreiben – und am besten an einer Stelle aufhängen, wo sie sie gut und häufig sehen –, diese wahrscheinlicher erreichen als andere. Ein weiser Spruch lautet: „Don't just think it, ink it" („Denk es nicht nur, sondern schreib es auch auf"). Was Sie sehen, beeinflusst das, was Sie tun.

In vielen Fällen sind unsere Einstellungen sogar wichtiger als die äußeren Umstände, und wenn ein Ziel gefestigt ist, gibt es für uns keine Grenzen. Colonel James Irwin, ein amerikanischer Testpilot, gab einem Anfänger eine Flugstunde, als sie eine Bruchlandung machten. Die Ärzte sagten Irwin, dass er aufgrund seiner Verletzung vielleicht nie wieder laufen könne. Doch er lief wieder – auf dem Mond! Sein Kindheitstraum („Mama, ich möchte zum Mond fliegen") war das Ziel geworden, das ihn schließlich mit der Apollo 15 dorthin brachte. Seine Verletzung war der Umstand, „Ich werde nicht aufgeben" seine Einstellung.

 **ZU SICH SELBST SPRECHEN**

DAS DENKEN BEEINFLUSST DAS FÜHLEN

Es stimmt, dass das Denken das Fühlen beeinflusst. Wir werden davon beeinflusst, was die Leute zu und über uns sagen, aber am meisten werden wir davon beeinflusst, was wir in unseren Selbstgesprächen zu unserem eigenen Ich sagen. Ereignisse rufen keine Gefühle hervor, sondern es ist die Art, wie wir diese Ereignisse bewerten, die Gefühle

ES IST OKAY, NICHT PERFEKT ZU SEIN.

entstehen lässt. Nehmen wir einmal an, Sie brauchen eine Arbeitsstelle. Das Ereignis ist, dass Sie sich darum bewerben. Sie meinen, dass es furchtbar wäre, eine Absage zu bekommen – das ist die *Bewertung*. Das *Gefühl* ist die Angst vor diesem schrecklichen Ereignis. Sie führt vielleicht dazu, dass Sie die Bewerbung aufschieben. Doch Sie könnten sagen: „Nein, es wäre nicht furchtbar. Enttäuschend, ja, aber nicht furchtbar. Ich habe keine Lust, mich zu bewerben, aber ich muss und ich werde es tun. Ich werde es hinter mich bringen. Es macht keinen Spaß, das zu tun, aber es wird mich nicht umbringen." Und Sie tun es einfach.

NICHT PERFEKT? VOLL OKAY!

Es ist okay, nicht perfekt zu sein. Von Shakespeare wurde gesagt, dass er „nie eine Zeile wieder strich". Sein Zeitgenosse Ben Johnson bemerkte mit einiger Berechtigung: „Hätte er doch tausend gestrichen." Auch in großartigen schriftstellerischen Werken gibt es ein paar sehr schwache Zeilen. Shakespeare wollte nicht darauf warten, die perfekten zu finden. Wenn er das getan hätte, wäre keines seiner 37 Stücke jemals geschrieben worden.

OPTIMISTISCH AUS ENTSCHEIDUNG

Manche Menschen sind von Natur aus optimistisch, aber jeder kann sich dazu entscheiden, es zu sein. Sie können das, was Sie wollen, mehr betonen als das, was Sie nicht wollen. Wenn Sie die persönliche Entscheidung „Ich werde es tun" anstelle der Klage „Wenn ich doch nur ..." wählen, werden Sie allmählich eine optimistische Sicht entwickeln. Je optimistischer Sie sind, desto wahrscheinlicher werden Sie sich zu etwas aufraffen. Im Gehirn werden stimmungsaufhellende Hormone freigesetzt. Man nimmt das in Angriff, was wie ein riesiger Berg erscheint, und stellt fest, dass man ihn leichter bewältigt, als man dachte. Oder man entdeckt, dass das, was man für einen Berg hielt, nur ein Maulwurfshügel war.

Forscher weisen darauf hin, dass mit einem Verhältnis von 9 : 1 erfolgreiche Menschen sich mehr auf Lösungen konzentrieren als auf Probleme, während die nicht erfolgreichen mehr bei den Problemen als bei den Lösungen verweilen. Deswegen sollten Sie nicht sagen: „Dies ist eine wirklich schwierige Aufgabe", sondern: „Wo soll ich anfangen?". Anstelle von „Ich glaube, ich muss das tun" probieren Sie doch mal ein „Ich werde mich großartig fühlen, wenn das erledigt ist" aus. Positive Selbstgespräche bewirken Optimismus und durch diese Veränderung sind Sie mit größerer Wahrscheinlichkeit erfolgreich.

 **DEN ERFOLG SEHEN**

MIT DEM ENDE BEGINNEN

Wir beginnen mit dem, von dem wir hoffen, dass es das Ergebnis sein wird. Wir malen uns den Erfolg aus. Die Sprinterin „sieht", wie sie am Start losstürmt und das Zielband vor ihren Rivalinnen durchtrennt. Das motiviert sie bei der ernsten Angelegenheit ihres Trainings. Der Musiker „sieht" sich selbst auf der Bühne vor tausend ihm zugewandten Gesichtern, hört den Applaus und macht mit seinen anstrengenden Übungen weiter, die erforderlich sind, damit der Traum Wirklichkeit wird. Die Studentin „sieht", wie ihr Leben ihr viele Möglichkeiten eröffnet, wendet sich von dem ab, was sie ablenkt, und vergräbt ihren Kopf in ihren Büchern. Sie weiß, dass ihr „Morgen" von ihrem „Heute" abhängt.

Die Vorstellungskraft wird auch die „Werkstatt des Geistes" genannt. Was dort geschieht, beeinflusst stark unsere Leben. Wir können nur schwer darauf einwirken, wie wir Dinge wahrnehmen, aber wir sind dafür verantwortlich, bei welchen wir verweilen. Die Bilder an den Wänden unseres Geistes und die Filme, die dort ablaufen, können uns stoppen oder beflügeln. Wir werden zunehmend das tun, was wir sehen.

DIE MACHT DER VORSTELLUNG

Haben Sie sich selbst tausend Mal etwas versprochen, was dann tausend Mal im Sande verlaufen ist? Sind Sie z.B. jähzornig? Dann lassen Sie uns doch einmal sehen, wie es anders sein könnte …

Stellen Sie sich ein Zimmer vor und die Kleidung, die Sie tragen, fühlen Sie den Stuhl, auf dem Sie sitzen. Sie sehen einen bestimmten Menschen und hören die harten Worte, die er spricht. Und Sie fühlen den Schmerz. Dann hören Sie sich selbst sprechen, langsam, leise; dann innehaltend, auf die Reaktion wartend. Sie atmen tief durch, entscheiden sich dafür, beherrscht zu bleiben. Sie ziehen sich zurück …

Wie war das? Nicht schlecht, vielleicht nicht perfekt, aber nicht schlecht. Was jetzt? Sie machen es noch mal und noch mal und noch mal, bis Sie der Mensch sind, den Sie sehen.

 ## SICH SELBST BELOHNEN

WAS BELOHNT WIRD, WIRD ERLEDIGT

Es steckt Wahrheit in dem Satz: „Was belohnt wird, wird erledigt." Wenn wir mit etwas konfrontiert werden, das unangenehm oder schwierig ist, können wir uns selbst sagen: „Wenn ich *dies* erledigt habe, werde ich mir *das* Vergnügen gönnen. Aber ich werde mir *das* nicht erlauben, bis ich *dies* getan habe." Für eine kleine Aufgabe oder Pflicht könnte man sich z. B. mit einer Tasse Tee, ein wenig frischer Luft, einem Schwatz mit einem Freund belohnen. Für ein großes abgeschlossenes Projekt verspricht man sich vielleicht eine größere Belohnung. Aber Vorsicht! Durch diesen Anreiz besteht auch die Gefahr, dass man Dinge nicht mehr um ihrer selbst willen erledigt oder weil es nun einmal richtig ist.

„WENN DU SIEHST, DEN SPASS DARAN IST DIE ARBEIT HALB GETAN."

DAS LEIDEN VERRINGERN

Wenn man die Aufgabe, die getan werden muss, nicht mag, kann man das Leiden darunter vielleicht mit Hintergrundmusik verringern. Der eine schneidet beim Fernsehen Gemüse. Ein anderer holt sich einen Freund, der ihm dabei hilft, das Haus neu zu streichen, und hat das Gefühl, dass die Zeit schneller vergeht. Es ist toll, wenn Sie das, was Sie tun müssen, mit dem kombinieren können, was Sie gerne machen. In einem Lied heißt es: „Bei jeder Arbeit, einerlei, ist ein bisschen Spaß dabei", und ein altes Sprichwort besagt: „Wenn du siehst den Spaß daran, ist die Arbeit halb getan."

 **MOTIVIERT WERDEN**

EIN „WIE" BRAUCHT EIN „WARUM"

Wie man theoretisch Gewicht verliert, ist klar: Es geht darum, was wir essen, wann wir essen und wie viel wir essen und um Training. Warum funktionieren dann so viele Diäten nicht? Weil sie ein „Wie" liefern, ohne dass das „Warum" stark genug ist. Ein Beispiel: Eine Frau, die jahrelang erfolglos von einer Diät in die nächste stolperte, erreichte schließlich dennoch ihr Ziel. Wie? Durch ihre Tochter. Die war ein frischgebackener Teenager und schämte sich merklich, mit ihrer ziemlich auseinandergegangenen Mutter gesehen zu werden. Die Frau war entsetzt, aber sie hatte nun ein Motiv – den Respekt ihrer Tochter zurückzugewinnen. Sie hatte zu ihrem „Wie" ein „Warum" dazubekommen.

Es gibt die „Soll-Gedanken" der Pflicht, die uns eine Motivation für unser Handeln liefern. Das ist alles, angefangen von dem, was unser Chef fordert oder unsere Position verlangt, bis hin zum Ruf unseres Gewissens „Du musst!".

Aber kein Beweggrund ist so stark wie die Liebe. C.T. Studd, ein bekannter englischer Kricketspieler, argumentierte folgendermaßen: „Wenn Jesus Christus Gott ist und für mich gestorben ist, dann kann kein Opfer, das ich für ihn bringe, zu groß sein." Das war die Basis für seine Leidenschaft, die ihn dazu brachte, Christus in China, Indien und Afrika zu dienen. Er wusste, dass „die Liebe Christi uns bewegt" (2. Korinther 5,14).

Eine Grundschulrektorin bat die Eltern eines Kindes um ein Treffen. Sie teilte ihnen mit: „Ihr Sohn ist nicht glücklich. Er weint ständig." Die Eltern erschraken. „Wird er gemobbt?" „Nein", war die entschiedene Antwort der Rektorin. „Gibt es ein Problem mit dem Lehrer?" „Absolut nicht." „Was ist dann nicht in Ordnung?" „Nun, offen

gesagt ist der Grund die Tatsache, dass Sie rauchen."
„Was hat das damit zu tun?" Die Schulleiterin erklärte: „Ihr
Sohn hat gelernt, dass ‚Rauchen tötet'."

Die Eltern hatten schon seit Langem versucht, mit dem
Rauchen aufzuhören. Nach diesem Gespräch verließen sie
das Büro und rauchten nie mehr. Die Liebe zu ihrem Sohn
war stärker als das Aufschieben.

DIE VERÄNDERUNG EINFACHER MACHEN

Viele von uns haben schon häufig versucht, ihr Gewicht in
den Griff zu bekommen. Aber jedes Mal, wenn wir an der
Keksdose vorbeilaufen, öffnet sie sich wie von allein.
Fettige Lebensmittel lächeln uns aus dem Kühlschrank
entgegen. „Nein" zu sagen fällt viel leichter, wenn die Dose
leer und der Kühlschrank frei von Kalorienbomben bleibt.
Es ist besser, die Entscheidung im Geschäft zu treffen als
in der Küche.

Ein Mann kämpfte lange darum, eine Beziehung zu
beenden, von der er wusste, dass sie ihn ruinierte. Die
Strategie, die ihm letztendlich dabei half, war einfach:
„Wenn ich dieses Haus betrete, werde ich nicht die Kraft
haben, zu widerstehen. Aber ich weiß auch: Wenn ich diese
Straße entlanggehe, betrete ich ganz bestimmt das Haus.
Am besten, ich meide die Straße und zur Sicherheit gleich
das ganze Viertel."

Mit der Aufschieberitis ist es das Gleiche: Sie können
sich nicht auf die Willensstärke im Augenblick der Verfüh-
rung verlassen. Sie müssen versuchen, die Faktoren
auszuräumen, die diese Situation überhaupt erst bedingen.

ABSICHTEN SIND WIE MUSKELN

Unsere Absichten sind wie Muskeln, die schlaff werden, wenn man sie nicht benutzt. Der Wunsch zu handeln nimmt durch das grundlose Verschieben ab. Aber wenn wir eine Aufgabe erfolgreich bewältigen – und sei sie noch so klein –, wächst unsere Zuversicht in unsere Fähigkeiten. Je mehr die Zuversicht wächst, desto größer wird die Begeisterung. Und je größer die Begeisterung, desto seltener schiebt man etwas auf.

Die Ziele, die man sich setzt, bleiben wirkungslos, wenn man nicht wagt, sie in Angriff zu nehmen ...

ABSICHTEN SIND WIE MUSKELN: SIE WERDEN DURCH DEN GEBRAUCH STÄRKER.

NIMM DIR DIE ZEIT

... WENN EIN „NEIN" ZUM „NUN" FÜHRT

... DAS DRÄNGENDE DES DRINGENDEN

... HOCH-ZEITEN FÜR HOCHLEISTUNG

... DIE FERNSEHFALLE

... ERGREIF DIE GELEGENHEIT!

... SCHNELLER DABEI,
SCHNELLER FREI

NIMM DIR DIE ZEIT

NIMM DIR DIE ZEIT

Die Zeit ist unser größtes Geschenk und der Umgang mit ihr unsere schwerste Aufgabe

Unsere Einstellung gegenüber der Zeit sagt eine Menge über den Menschen aus, der wir sind. Wenn wir unsere Zeit nicht wertschätzen, wissen wir nicht, was wir mit ihr anfangen sollen. Aber wenn wir erkennen, dass sie unser größtes Geschenk ist, wollen wir das Beste aus dem einen Leben machen, das uns zur Verfügung steht – egal wie sehr wir darum kämpfen müssen, uns die Minuten und Stunden gut einzuteilen.

 „NEIN" FÜHRT ZU „NUN"

Wenn wir unsere Zeiteinteilung genau unter die Lupe nehmen, dann merken wir, dass wir zu viele Verpflichtungen haben, weil wir nicht „Nein" gesagt haben. Unsere Zeit unter Kontrolle zu haben, ist schwierig, aber bis wir nicht gelernt haben, „Nein" zu sagen, sind wir nicht wirklich frei dafür, „Nun" zu sagen.

EINEN FREUND VERLIEREN?

Ist es eine so große Sache, auf eine Bitte mit „Nein" zu antworten? Wir lassen keine Freunde fallen, nur weil sie mit „Nein" antworten. Im Zweifel ist es besser, „Nein" zu sagen als „Ja", weil sonst ein Ändern unserer Meinung ein „Aber du hast es doch versprochen!" provoziert. Es ist leichter, aus einem „Nein" ein „Ja" zu machen, als umgekehrt.

FAIR SEIN

Auf eine Bitte mit „Nein" zu antworten, klingt unkooperativ, aber es ist eventuell das Fairste, was Sie tun können. Es ist fair Ihnen selbst gegenüber, dass Sie nicht mehr übernehmen, als Sie schaffen. Es ist fair dem bittenden Menschen

ES IST LEICHTER, AUS EINEM „NEIN" EIN „JA" ZU MACHEN, ALS UMGEKEHRT.

gegenüber, denn wenn Sie sich auf zu viel festlegen und die Arbeit schlampig erledigen, werden Sie ihm nicht gerecht. Und es ist fair Ihrer Familie gegenüber, weil Sie ihr nicht nur die wenige Zeit widmen, die zum Schluss übrig bleibt.

STANDHAFT, ABER HÖFLICH

Sie können freundlich, aber bestimmt sein. „Nein, aber danke, dass du mich gefragt hast" oder: „Es tut mir leid, dass ich im Moment ‚Nein' sagen muss, aber vielleicht fragst du mich später noch mal." Wenn Ihre Antwort „Nein" ist, dann sollten Sie das so bald wie möglich sagen. Das nimmt Ihnen den Druck und die anderen haben mehr Zeit, um Alternativen zu finden.

KONFORM MIT DEN PRIORITÄTEN?

Es ist einfacher, „Nein" zu sagen, wenn in Ihnen ein stärkeres „Ja" brennt. Wenn Ihre Prioritäten und Ziele klar sind, gibt es in Ihrem Leben weniger Zeit für Dinge, die Sie als nicht so wichtig einschätzen. Weil er seine Frau und seine Kinder liebte, sagte ein Mann „Nein" zum Alkohol, der in seinem Leben viel zu sehr an Bedeutung gewann. Weil es mit ihrer Karriere bergab ging, verabschiedete sich eine junge Geschäftsfrau von den endlosen durchfeierten Nächten, die sie auspowerten. Wenn wir in der christlichen Jüngerschaft unsere Augen auf Jesus richten, können wir viel besser „jede Last ablegen, die uns behindert, besonders die Sünde, in die wir uns so leicht verstricken" (Hebräer 12,1).

AUF DIE ZEIT ACHTEN

Die Spannung zwischen Haushalt und Beruf lässt sich nicht so leicht auflösen, besonders wenn Kinder da sind und sowohl der Mann als auch die Frau in ihrer Karriere gefordert werden. Eine viel beschäftigte Mutter sagt: „In unserem Haus bin ich nach Vereinbarung diejenige, die flexibel ist." Sie erklärt weiter: „Das ist ein gemeinsamer Entschluss und wir müssen ihn oft anpassen, wenn meine zeitlichen Verpflichtungen oder der Stress zunehmen."

Eins ist sicher: Wenn Sie sich für jeden und alles zur Verfügung stellen, werden Sie schnell von zu viel Arbeit und menschlichem Druck überwältigt. Zeit für sich selbst ist weder Verschwendung noch selbstsüchtig.

ZU VIEL IN ZU WENIG

Eine Frau sagte: „Ich hatte so viel in eine Schublade gestopft, dass ich sie nicht mehr öffnen konnte. Das ist die Geschichte meines Lebens. Ich habe so viele Verpflichtungen, dass ich total feststecke." Wenn man zu viel in zu wenig Zeit packt, ist man frustriert und schiebt Dinge auf. Falls Sie aufgeben oder aufhören oder zurücktreten müssen, dann tun Sie es! Sie müssen atmen können.

DRINGEND ODER WICHTIG?

Der Autor Charles Hummel prägte den Ausdruck der „Tyrannei des Dringenden". Das Dringende verlangt wie das Klingeln des Telefons sofortige Aufmerksamkeit. Weil das Wichtige oft etwas Langfristiges ist, mag es nicht so dringend erscheinen, während das „Dringende"

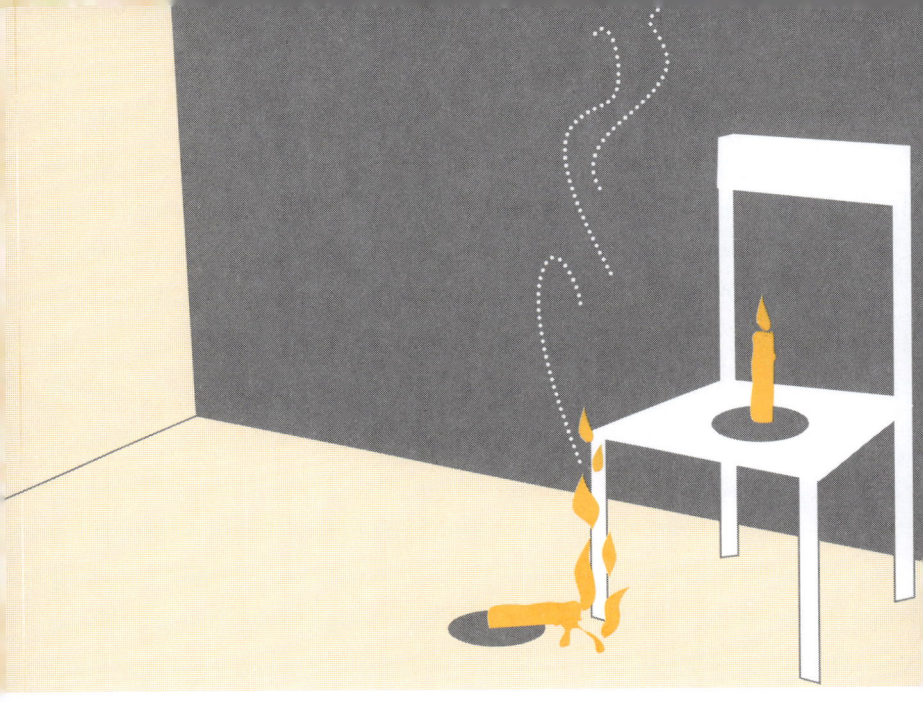

möglicherweise nicht wirklich wichtig ist. Man muss lernen, das zu unterscheiden.

Ein Mann erzählte, dass seine Schwester, die in einem Altenheim lebte, ihn mitten in der Nacht anrief. „Mir ist langweilig", erklärte sie, „und ich brauche jemanden, mit dem ich sprechen kann." Die ersten Male ging er ans Telefon, musste aber schließlich auf Anrufe am Tag bestehen. Der Schlafmangel hinderte ihn an seinen beruflichen Pflichten. Die Anrufe, die anfangs dringend zu sein schienen, waren nicht wichtig – sein Schlaf war es.

DIE WURZELN DES ÄRGERS

Vergessene Termine, unbeantwortete Briefe und Telefonate, unbezahlte Rechnungen, unerledigte Hausarbeit – kein Wunder, dass dadurch Frustration und Ärger entstehen. Eine Frau bat ihren Ehemann, den undichten Wasserhahn zu reparieren. Er stimmte schnell zu. Aber das war das Einzige, was er schnell machte. Sieben Jahre vergingen, bis er die Arbeit erledigte. Er hielt es einfach nicht für wichtig. Doch seine Frau empfand es so: „Es mag zwar nur ein Wasserhahn sein, aber er ist *mir* wichtig. Mein Mann vernachlässigt *mich*."

Gemachte und nicht gehaltene Versprechungen hinterlassen Ärger und angespannte Beziehungen.

DAS GLEICHGEWICHT HALTEN

Wenn Sie nur arbeiten und sich keine Zeit fürs Vergnügen nehmen, werden Sie zu einem langweiligen Menschen. Das stellte Charles Handy, ein erfolgreicher Geschäftsmann und Professor an der *London Business School*, fest, als er eine Zeit lang 80 Stunden pro Woche arbeitete. Er erzählte, dass seine Frau zu ihm sagte: „Ich freue mich für dich, dass es bei deiner Arbeit so gut läuft. Aber du solltest wissen, dass du der langweiligste Mann geworden bist, den ich kenne."

Das Geheimnis des Erfolgs besteht nicht darin, härter zu arbeiten, sondern besser durchdacht. Planen Sie Ihre Zeit so, dass auch unverplante Zeit bleibt! Handy aus, Anrufbeantworter an, Füße hoch!

 **BESTE ZEITEN**

GESCHWINDIGKEITSBESCHRÄNKUNGEN

Nicht jeder kann gleich schnell arbeiten. Der eine sprintet und der andere trottet. Es gibt keinen Grund für einen „Trotter", sich darüber zu beklagen, dass er kein Sprinter ist. Wir müssen unsere Schwächen akzeptieren und mit unseren Stärken arbeiten.

DIE BESTE ZEIT

Es gibt „Morgenmenschen" und „Abendmenschen". Der eine wird erst richtig wach, wenn der andere schon fast einnickt. Wer wann am leistungsfähigsten ist, wird weitgehend von unseren biochemischen Reaktionen beeinflusst.

Es wird behauptet, dass wir 80 Prozent unserer besten Arbeit in 20 Prozent unserer Zeit erledigen. Es lohnt sich also herauszufinden, welches die eigene Hochleistungs-phase ist, und die wichtigsten Aufgaben dann zu erledigen. Eine gute Faustregel ist: *Die beste Zeit für die wichtigsten Aufgaben.*

EINEN GUTEN TAG HABEN

Gordon MacDonald, der berühmte amerikanische Pastor und Autor, schreibt in seinem Buch *Ordering Your Private World* (deutsch: *Ordne dein Leben: Perspektiven für den Umgang mit dem Leben und der Zeit*, erschienen bei Gerth Medien):

> „Am Anfang der Woche arbeite ich nie effektiv an meiner Sonntagspredigt. Zwei Stunden Arbeit am Montag sind relativ nutzlos, während eine Stunde am Donnerstag oder Freitag fast unbezahlbar ist. Dann kann ich mich einfach besser konzentrieren. Auf der anderen Seite kann ich mich zu Beginn der Woche am besten um Menschen kümmern. Dann hat die Anspannung wegen der bevorstehenden Predigt noch nicht von mir Besitz ergriffen."

 **DIE FERNSEHFALLE**

Manche Menschen sind dazu in der Lage, vor dem laufenden Fernseher zuzuschauen und zu arbeiten. Der eine bügelt, der andere strickt, repariert etwas, schreibt Briefe, manche essen und unterhalten sich. Aber das Fernsehen kann auch zu viel Aufmerksamkeit beanspruchen. Wenn man, grob geschätzt, jede Nacht acht Stunden im Bett verbringt, bleiben pro Tag 16 wache Stunden. Zwei Stunden davon fernzusehen bedeutet, ein Achtel seiner wachen Zeit vor dem Bildschirm zu verbringen! Und manche schauen noch mehr ... Der Ein- und Ausschaltknopf des Fernsehers – oder des

Computers – beeinflusst erheblich, was man mit seinem Leben anfängt.

 ## BESSER UNTER DRUCK

Es gibt vier Arten von Menschen, die sagen „Ich bin besser, wenn ich unter Druck stehe":

* zum einen die, die sich wirklich besser konzentrieren können, wenn sie nicht viel Zeit zur Verfügung haben. Wenn ihnen ein Stichtag bzw. eine Deadline gesetzt wird, widmen sie sich voll und ganz ihrer Aufgabe, lassen Unwesentliches weg und werden pünktlich fertig. Hier gilt das Parkinson'sche Gesetz, dass Arbeit sich in dem Maße ausdehnt, wie Zeit zur Verfügung steht.

* Diejenigen, die pünktlich fertig werden, aber auf Kosten von Kopfschmerzen, schlaflosen Nächten und Gereiztheit. Die Leidtragenden sind ihre Mitmenschen.

* Drittens gibt es Menschen, die es mit einem Endspurt rechtzeitig schaffen, aber wissen, dass sie aufgrund ihrer Eile nicht besonders gründlich waren. Ihre Ausrede „Ich bin besser unter Druck" führt zu einem zweitklassigen Ergebnis.

* Zuletzt sind da noch die, die es nicht schaffen. Das Vertrauen in ihre vermeintliche Fähigkeit, unter Druck besser zu arbeiten, führt zum Scheitern.

Ist es fair, dass andere immer auf Sie warten müssen? Der Autor Douglas Adams scherzte gerne: „Ich liebe Deadlines. Ich mag das zischende Geräusch, das sie machen, wenn sie vorbeirauschen."

Er lachte über sich selbst, aber seine Verleger lachten nicht mit ihm. Er trieb sie in den Wahnsinn.

 **VERPASSTE GELEGENHEITEN**

GENAU RECHTZEITIG

Für einen Mann, der mit schweren Glaubensproblemen kämpfte, waren die Werke von C.S. Lewis eine große Hilfe. „Lange Zeit konnte ich mich nicht entscheiden, ob ich ihm schreiben sollte, um mich bei ihm zu bedanken. Aber am Ende tat ich es." Zurück kam eine Karte mit zittriger Handschrift, auf der stand:

> „Vielen Dank. Zu wissen, dass man für jemanden so von Nutzen war, erfüllt einen immer mit Freude – ehrfürchtiger Freude. Ich rufe mir häufig ins Gedächtnis, dass jeder und alles so von Nutzen sein kann,
> z.B. Bileams Eselin!
> Mit den besten Wünschen, C.S. Lewis."

Nur wenige Wochen danach war Lewis tot. Der Mann sagte später: „Ich bin so froh, dass ich nicht länger gewartet habe. Diese Karte ist eines meiner wertvollsten Besitztümer."

DEN TAG NUTZEN

Ein Paar war auf der Suche nach einem Haus. „Wir hatten unser Traumhaus gesehen, aber dann kam einiges dazwischen. Es dauerte ein paar Tage, bis wir zum Immobilienmakler gingen, um einen Besichtigungstermin zu verein- baren. Als wir es taten, war es schon so gut wie verkauft."

Ein reiselustiger Mann ärgerte sich: „Warum lerne ich nie daraus? Dieser Flug kostet ein Vermögen. Wenn ich ihn eher gebucht hätte, würden wir nur einen Bruchteil davon zahlen."

Jemand anders berichtet: „Ich verbrachte viel zu viel Zeit damit, meine Bewerbung zu perfektionieren. Als ich sie endlich losschicken wollte, war die Bewerbungsfrist schon abgelaufen."

Ein Angestellter hatte von den Daten auf seinem Com- puter keine Sicherungskopie gemacht und verlor die Arbeit von Wochen. Sein Kommentar war – nicht druckreif.

Manchmal verursacht Aufschieberitis noch viel Schlim- meres: Ein junger Familienvater hatte schon seit Langem geplant, eine Lebensversicherung abzuschließen. Endlich nahm er sich die Zeit, das Antragsformular auszufüllen. Er hatte es noch in der Tasche, als er bei einem Verkehrsun- fall ums Leben kam ... Weil er seine gute Absicht nicht in die Tat umgesetzt hatte, folgten für seine Witwe Jahre der finanziellen Not.

DAS AUFSCHIEBEN IST DAS GRAB, IN DEM DIE GELEGENHEIT BEIGESETZT WIRD

DIE CHANCE VON ZEIT INNERHALB DER ZEIT DER CHANCE

Es heißt sehr richtig, dass „die Chance eines Lebens innerhalb der Lebenszeit der Chance genutzt werden muss". Die Gelegenheit könnte einmalig sein; wenn wir den Tag nicht nutzen, ist sie vorbei.

Eine junge Verlobte verschob immer wieder den Tag ihrer Hochzeit. Aus einem Jahr wurden vier, aus vier wurden acht, aus acht wurden zwölf. Als sie ein weiteres Mal mit „Nicht ausgerechnet jetzt" antwortete, wusste sie nicht, dass er sie nie mehr fragen würde. Er verlor die Geduld, und sie verpasste die Gelegenheit.

EIN NADELSTICH ZUR RECHTEN ZEIT

„Zur rechten Zeit ein Nadelstich erspart neune sicherlich", sagten die Hausfrauen früher. Ein Dachziegel ist lose? Befestigen Sie ihn besser jetzt, bevor es reinregnet und etwas durch die Feuchtigkeit vermodert. Das Auto macht ein komisches Geräusch? Lassen Sie es überprüfen, bevor der Schaden noch größer wird. Sie haben die Geduld verloren? Setzen Sie sich mit den Problemen auseinander, bevor Wutanfälle zur Gewohnheit werden.

Der Slogan einer erfolgreichen englischen Buchhaltungsfirma für ihre Angestellten lautete: „DO IT – Delay Only Increases Task." Salopp übersetzt heißt das: „Pack's an – Aufschieben führt zu Mehrarbeit."

Je früher wir Probleme in Angriff nehmen, desto leichter lassen sie sich lösen. Und es ist besser, sich freiwillig mit ihnen auseinanderzusetzen, als von den Umständen dazu gezwungen zu werden.

SCHNELL DABEI, SCHNELLER FREI

Sie werden mit einem wachsenden Berg von Aufgaben konfrontiert? Je früher Sie ihn in Angriff nehmen, desto eher entkommen Sie dem Druck und schaffen Raum für Neues.

Manchmal können kleine Notizen motivieren, z.B. ein „Tu es jetzt!" am Küchenschrank oder ein flotter Spruch über dem Computer: „Schnell dabei, schneller frei". Werden Sie nicht zu einem Menschen, der sagt: „Ich muss wirklich lernen, besser zu organisieren … wenn ich mal die Zeit dazu habe!"

Ihre Zeit richtig zu nutzen, ist ein Riesenschritt auf dem Weg dahin, gute Strategien zu entwickeln …

GUTE STRATEGIEN ENTWICKELN

... ZIELE ERFORDERN PLÄNE
... FEST, ABER FLEXIBEL
... PLÄNE AUSARBEITEN
... ALLES AN SEINEM PLATZ
... AUFSCHREIBEN STATT VERGESSEN
... BESSER FRIST ALS FRUST
... DURCHSTARTEN

GUTE STRATEGIEN
ENTWICKELN

GUTE STRATEGIEN ENTWICKELN

Erinnern Sie sich daran, dass ein Traum ein Ziel erfordert, ein Ziel aber einen Plan. *Inspiration ist nichts ohne Organisation.* Ohne diese geraten Sie in einen Teufelskreis: Aufschieben, wachsende Aufgabenberge, mangelnde Organisation, Zeitdruck, erneutes Aufschieben. Angefangen von der Macht großer Staaten bis hin zu Ihrem eigenen Leben entsteht Erfolg durch Ordnung.

Man braucht Strategien, um effektiv zu sein in dem, *was man plant, wo man arbeitet* und *wann man es tut*. Ohne gute Strategien gibt es immer mehr Durchstarter als Zielläufer.

 **WO MAN ARBEITET**

Abgesehen von dem grundsätzlichen Ziel „Bring diese Arbeit jetzt hinter dich" – das für sich allein weder einen Traum noch einen Plan erfordert –, bewahrheitet sich ohne Planung das Sprichwort: „Wenn wir beim Planen scheitern, planen wir zu scheitern." Es ist eine Tatsache, dass eine sorgfältige Planung schlechte Leistungen verhindern kann. Ein guter Plan schenkt Ihnen Freiheit – die Freiheit, das zu erreichen, was Sie sich vorgenommen haben, und die Freiheit, es zu genießen. Sie werden nicht durch das Fehlen einer klaren Richtung von etwas abgehalten oder durch irrelevante Details ins Stocken gebracht. Eine vorher gut durchdachte Strategie bedeutet, dass Sie mehr in weniger Zeit schaffen. Man verliert viel Zeit, wenn man den Plan ständig zwischendurch anpassen muss.

Wenn Sie Christ sind, können Sie genau wie für Ihre Ziele auch für Ihre Pläne beten: „Wenn jemand unter euch Weisheit braucht, weil er wissen will, wie er nach Gottes Willen handeln soll, dann kann er Gott einfach darum bitten" (Jakobus 1,5). Und man kann jederzeit seine Glaubensgeschwister darum bitten, gemeinsam für uns und die richtige Entscheidung zu beten.

VERSCHIEDENE PLÄNE

Pläne unterscheiden sich – abhängig von der Art der Ziele – in ihrem Umfang und ihrer Vielschichtigkeit. Wenn das Ziel z.B. darin besteht, sich grundlegende Computerkenntnisse anzueignen, denkt man eher in Monaten als in Jahren.

In diesem Fall sind die Zwischenziele einfach: Zugang zu einem Computer, einem Drucker und der Software zu bekommen, Informatik-Kurse zu besuchen und regelmäßig zu üben, möglicherweise mit der Hilfe eines Freundes. Wenn jedoch das Ziel die Olympischen Spiele sind, dann bedeutet das Jahre der Vorbereitung. Viele Zwischenziele müssen erreicht werden, bevor eine Qualifikation möglich ist.

Ein Plan ist ein Gerüst, das stark genug sein muss, um das Gewicht Ihrer Ziele zu tragen, aber auch ausreichend flexibel, um das Unerwartete zu verkraften (das immer geschieht!). Sie müssen für einen Kollegen einspringen, ein Kind wird krank, das Auto ist kaputt, ein Zahnarzttermin kommt dazwischen oder Sie werden von einer Grippe niedergestreckt.

Der Plan selbst hat nichts zu bestimmen; er ist der Diener des Ziels. Wenn der Plan nicht so funktioniert, wie Sie hofften, dann überprüfen oder ersetzen Sie ihn! Ein Plan sollte fest, aber flexibel sein.

VERSCHIEDENE AUFGABEN

Man sollte Folgendes planen:

* ***Die Aufgabe selbst:*** Seien Sie initiativ. Sie planen für die Ausschusssitzung so, dass keine wichtigen Themen vergessen werden; den Einkauf so, dass Sie nur ein- und nicht dreimal gehen müssen; den TÜV-Test des

Autos so, dass Sie nicht noch einmal kommen müssen. Wenn Aufgaben schwierig sind, lautet die Regel: *Identifizieren* Sie die Probleme und *vereinfachen* Sie die Vorgehensweisen.

✹ ***Die Zeit, die man für die Aufgabe braucht:*** Sie sollte kurz und zielgerichtet sein. Sie schätzen z. B., dass Sie eine effektive Stunde benötigen. Oder die Aufgabe beinhaltet mehrere Schritte; dann beläuft sich die Einschätzung z. B. auf eine halbe Stunde, vier Stunden, drei Stunden und eineinhalb Stunden.
Die Deadline ist Freitag, also rechnen Sie zurück bis zum Montag, was Ihnen drei Tage für die Aufgabe und einen für das Unerwartete lässt. Eine umfangreiche Arbeit kann sicher auch Wochen, Monate oder sogar Jahre dauern.

War der Grund für das Aufschieben, dass Sie vom Umfang der Aufgabe eingeschüchtert waren? War sie unübersichtlich und hatte viele Facetten? Dann wenden Sie die „Salami-Taktik" an. Das bedeutet, dass man die Aufgaben in Stücke schneidet und klare Zwischenziele oder -deadlines festlegt, die dabei helfen, sie zu bewältigen. Lange Zeitabschnitte stehen selten zur Verfügung und schüchtern ein, deswegen plant man besser in kleinen Schritten. „Meile für Meile braucht's eine Weile, aber Stückchen für Stück führt's schneller zum Glück!" Was immer auch passiert –

ORDNE UND VEREINFACHE!

verschieben Sie nicht das große Ganze, nur weil Sie mit einem einzelnen Teil kämpfen.

WO MAN ARBEITET

Während die erste Strategie die Planung betrifft, besteht die zweite darin, den Plan in die Tat umzusetzen.

DIE RICHTIGE UMGEBUNG SCHAFFEN

* ***Veränderungen am Arbeitsplatz:*** Egal ob Ihr Arbeitsplatz ein Büroschreibtisch oder die Küchen-Arbeitsplatte ist – die Erfahrung ist dieselbe: Manchmal fühlt man sich schlapp und weiß nicht, warum. Das kann verschiedene Gründe haben: Vielleicht ist Ihr Arbeitsplatz unaufgeräumt und schlecht zu überblicken. Oder die Luft ist so schlecht, dass die Konzentration schwerfällt. Auch ein zu hoher Geräuschpegel lenkt ab. Dann hört man auf, macht eine Pause – nicht aufgrund der Arbeit, sondern aufgrund des Arbeitsplatzes. Überprüfen Sie alles – das Licht, die Wärme, die Geräusche, die Belüftung, den Stuhl – und passen Sie es, so gut es geht, Ihren Bedürfnissen an. Ein sauberer, heller Arbeitsplatz lädt dazu ein, anzufangen, und ermutigt zum Weitermachen; man schiebt nicht so leicht etwas auf.

* ***Ablenkungen ausschließen:*** Soweit es in Ihrer Macht steht, ist es sinnvoll, eine für die Arbeit förderliche Umgebung zu schaffen. Schließen Sie Ablenkungen aus. Ein Student fand einmal einen gemütlichen Sitzplatz in der Bibliothek, aber dieser befand sich direkt gegenüber

den Schwingtüren. Unfähig, sich zu konzentrieren, verschob er seinen Stuhl, sodass er beim Aufblicken auf eine leere Wand schaute. Es funktionierte.

Müssen Sie etwas Dringendes erledigen oder etwas, das Ihnen eine hohe Konzentration abverlangt? Andere Leute wissen vielleicht nichts davon. Es ist nicht deren Fehler, wenn sie versuchen, Sie auf dem Handy, dem Festnetz oder per E-Mail zu erreichen. Wenn man viel erreichen muss, sollte man sicher sein, dass man nicht erreichbar ist!

DIE RICHTIGE AUSRÜSTUNG BESCHAFFEN

* ***Der Schreibtisch:*** Wenn man alles in Reichweite hat, kann man sich später nicht beklagen: „Wenn ich nur dies und das gehabt hätte, hätte ich anfangen (oder fertig werden) können." Schon oft ist die Arbeit von Stunden, Tagen oder Wochen verloren gegangen, nur weil kein Antivirenprogramm installiert oder keine Sicherungskopie der Datei gemacht worden ist.

   Außer dem Büromaterial in Reichweite braucht man vor allem einen Notizblock (aus Papier oder elektronisch), auf dem man seine To-do-Liste notieren kann.

* ***Das Werkzeug:*** Es heißt, dass ein guter Arbeiter niemals mit seinem Werkzeug hadert. Warum? Weil er sich die Mühe gemacht hat, das *richtige* Werkzeug zu bekommen – und es immer bereithält.

* ***Brille und Hörgerät:*** Wenn Sie solche Hilfen brauchen, dann versichern Sie sich, dass sie ihren Dienst tun. Schwerhörigkeit kann dazu führen, dass man sich von anderen Menschen abkapselt. Wenn man nicht gut

sieht, kämpft man mit Wörtern und Zahlen, kommt nicht voran und macht vielleicht schwerwiegende Fehler.

EIN GUTES ABLAGESYSTEM ENTWICKELN

✳ *Ein Platz für alles* – und alles an seinen Platz. Kommen Ihnen folgende Worte bekannt vor? „Nur allein der Gedanke daran, etwas zu suchen, frustriert mich. Wo soll ich anfangen? Wie lange wird es dauern? Habe ich es schon weggeworfen?" Wenn Sie wissen, dass Sie erst suchen müssen, dann ist die Wahrscheinlichkeit größer, dass Sie die Angelegenheit hinausschieben. Aber wenn klar ist, wo sich das Dokument oder das Werkzeug befindet, können Sie die Arbeit sofort erledigen. Das Motto für die Ablage lautet: „Gut sichtbar, gut erreichbar"; und wenn Sie die Arbeit beendet haben: „Leg es nicht hin, leg es weg." Ordnung spart Zeit.

✳ *Akten statt Stapel:* Als er sein Studium beendete, hatte ein Student alle seine Aufzeichnungen stapelweise aufgeschichtet. Alle Papiere lagen horizontal aufeinander, und er verbrachte frustrierende Stunden damit, unter den Blättern nach einem bestimmten Schreiben zu suchen.

Dann heiratete er eine erfahrene Sekretärin, für die alle Papiere sorgfältig abgeheftet sein mussten. Er sperrte sich erst gegen die Veränderung: „Wenn du das tust, werde ich nie mehr etwas finden!" Doch nach einigen Wochen musste er lachend zugeben: „Was in der Akte verschwindet, man schnell wiederfindet."

✴ **Ordnungssystem:** Um Zeit zu sparen und das Aufschieben zu vermeiden, braucht man:
- eine sorgfältige Etikettierung mit spezifischen statt allgemeinen Überschriften;
- eine logische Ordnung, bei der die Akten alphabetisch oder chronologisch angeordnet sind – und natürlich auch deren Inhalt;
- eine regelmäßige Entrümplung innerhalb der Akten, sodass nur notwendige Papiere darin verbleiben (und am Ende nur der Ordner selbst).

Das Gleiche gilt natürlich für Computerdateien, in denen Ihre Daten in Dokumenten abgespeichert sind, die sich wiederum in Ordnern auf der Festplatte, Diskette oder der CD befinden. Lassen Sie das Motto sein: „Ordne und vereinfache."

DIE RICHTIGEN LISTEN ERSTELLEN

✴ **To-do-Listen:** Weil man sich nicht immer an alles erinnern kann, muss man es aus dem Kopf und aufs Papier bekommen (oder auf den Bildschirm). Schreiben Sie auf, was getan werden muss, sonst vergessen Sie garantiert etwas davon. Ein Freund scherzte einmal: „Ich trage mein Gehirn in meiner Tasche mit mir herum."

✴ **Wichtige Telefonnummern:** Als die Waschmaschine sich immer langsamer drehte, schließlich stillstand und sich weigerte, auf gutes Zureden oder Schütteln zu reagieren, haben Sie da überall nach der Telefonnum-

mer vom Kundenservice gesucht? Wussten Sie überhaupt den Namen der Firma? Als das Abflussrohr etwas Undefinierbares ausspuckte und stinkend
mitteilte, dass es verstopft war, wussten Sie da, wer
es reinigen kann? Mithilfe einer Notfallliste von wichtigen Telefonnummern (die man sofort findet!) lässt
sich innerhalb von Sekunden das Problem mit der
Waschmaschine, dem Herd oder dem Abflussrohr in
Angriff nehmen.

* ***Packlisten:*** Das sind Listen für Reisen, die man aktua-
lisiert, wenn man von einer Reise zurückkommt. „Dies
habe ich nicht gebraucht ... stattdessen hätte ich das
gebrauchen können." Die wenige Minuten, in denen Sie
eine bestehende Liste aktualisieren, ersparen Ihnen
Stunden des Packens. Und noch dazu den Ärger über
das, was Sie vergessen oder umsonst in den übervollen
Koffer gestopft haben.

* ***Adressverzeichnisse:*** Warum schieben Sie es auf,
Anrufe zu machen, Briefe zu schreiben und Weihnachts-
karten zu verschicken? Wegen der frustrierenden
Suche nach den Bekannten im Telefonbuch? Oder
nach deren korrekten Adressen? Viel zu oft führt ein

ORDNUNG
SPART
ZEIT

„Ich kann sie nicht finden" zu „Ich mache es nicht".
Wer sein Adressverzeichnis auf dem neuesten Stand
hält, findet jederzeit schnell, wonach er sucht.

 ## 10 WANN MAN ARBEITET

Bei der ersten Strategie ging es darum, was Sie tun wollen –
das war der Plan. Die zweite handelte davon, wo Sie es tun
– Ihre Umgebung und was damit zusammenhängt. Bei der
dritten geht es nun um den Faktor Zeit und wann Sie etwas
tun.

BESSER FRIST ALS FRUST

Ein Ehepaar versäumte immer wieder irgendwelche Zah-
lungsfristen. Das führte zu ständiger Sorge, Scham und
Extrakosten. Was schließlich half, war eine Liste mit den
Zahlungsfristen direkt neben ihrem Telefon.

Nehmen wir einmal an, Sie haben am 25. Juli einen Ter-
min beim TÜV. Sie blättern in Ihrem Kalender und stellen
fest, dass das schon morgen ist. Jetzt ist es zu spät, das
Auto noch einmal in der Werkstatt durchchecken zu lassen. Die beste Methode besteht also darin, zwei Kalender-
einträge zu machen: den *Fälligkeitstermin* 25. Juli und den
Handlungstermin, z. B. den 20. Juni, an dem Sie die Werkstatt anrufen. Dasselbe gilt für Geschenke. Jemand hat am
18. Oktober Geburtstag (dann ist auch das Geschenk fäl-
lig), aber Sie tragen die Geschenksuche vielleicht für den
Ersten des Monats in Ihren Kalender ein.

ES IST BESSER, SICH AUF DEN ERSTEN SCHRITT ZU KONZENTRIEREN ALS AUF DIE GANZE REISE

DURCHSTARTEN

Eine Redensart besagt: „Wenn man einen Berg erklimmen muss, macht das Zögern ihn nicht kleiner." Das ist wahr. Es gibt selten einen perfekten Zeitpunkt, um mit etwas zu beginnen. Deswegen packen Sie's an!

* Entweder ... *das Schwierige zuerst.* Wenn man den anstrengenden Teil zuerst erledigt, ist die Freude danach doppelt so groß, weil man weiß, dass das Unangenehme vorbei ist und die Freude noch bevorsteht.

* Oder ... *das Einfache zuerst.* Wenn man ein Stück weit vorankommt, macht das zuversichtlich. Man rechnet damit, dass nun auch die nächsten Schritte gut zu bewältigen sind. Der Schwung treibt uns vorwärts.

   Ein Sprichwort erinnert daran, dass „auch eine Reise von tausend Meilen mit einem einzigen Schritt beginnt". Egal, ob man also das Schwierige oder das Einfache zuerst angeht, man sollte es einfach anpacken. Es ist besser, sich auf den ersten Schritt zu konzentrieren als auf die ganze Reise.

Wenn Sie gute Strategien entwickeln, werden Sie erleben, dass Sie sich den Hindernissen stellen und sie überwinden ...

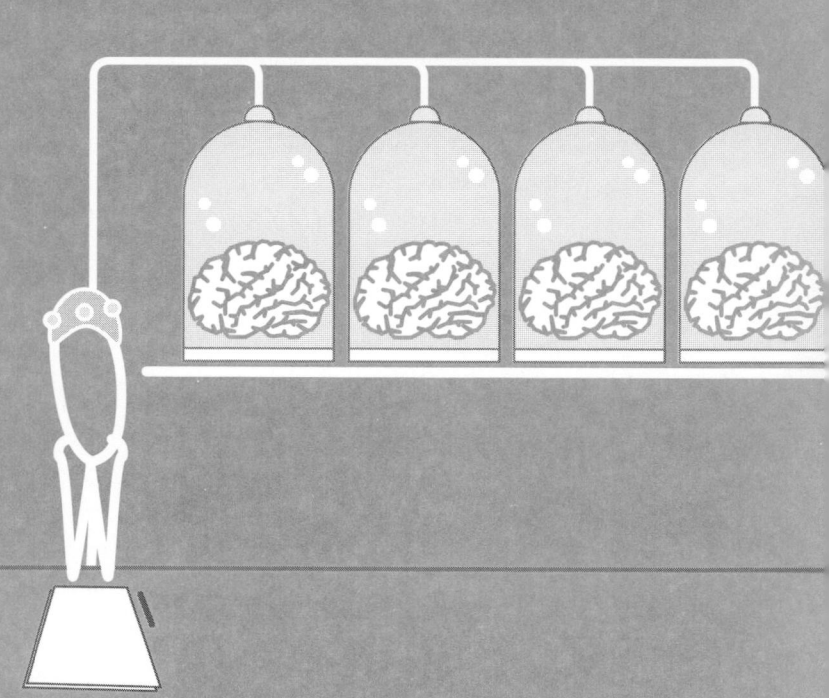

HINDERNISSE ÜBERWINDEN

... GLAUBEN BEWIRKT KÖNNEN

... ERBARMUNGSLOS
MIT PAPIER

... DAS CHAOS BESEITIGEN

... MINUTEN ERSPAREN
STUNDEN

... GEIST UND KÖRPER

... GEHIRNZELLEN AUSLEIHEN

... IN DER OFFENHEIT
LIEGT KRAFT

HINDERNISSE ÜBERWINDEN

HINDERNISSE ÜBERWINDEN

Was immer auch Ihre Ziele und Pläne sein mögen – es ist sicher, dass es Hindernisse geben wird.

GLAUBEN BEWIRKT KÖNNEN

Eines der größten Hindernisse dabei, etwas zu erledigen, ist die Einstellung „Das schaff ich nicht". Ein junger Mann nahm einmal sein Wörterbuch und schnitt das Wort „unmöglich" heraus. Danach schrieb er ein Buch, das 15 Millionen Mal verkauft wurde. Von Henry Ford, einem Mann mit wenig Bildung, aber mit außergewöhnlichen Fähigkeiten, stammt der Spruch: „Egal, ob du glaubst, dass du etwas kannst oder dass du etwas nicht kannst, du hast normalerweise recht!" Es steckt Wahrheit in den Versen:

> „Die Kämpfe des Lebens gehen nicht immer
> An den stärksten oder schnellsten Mann,
> Aber der Mann, der sie gewinnt,
> Ist derjenige, der glaubt, dass er es kann!"

Auch wenn man vielleicht von Natur aus pessimistisch ist, kann man sich immer *dazu entschließen*, optimistisch zu sein. Der Apostel Paulus kämpfte mit vielen Problemen, von gewalttätigen Gegnern über persönliche Schwächen bis hin zu seinen Sorgen bezüglich der Gemeinden (2. Korinther 11,23-33), aber er sagte mutig: „Denn alles ist mir möglich durch Christus, der mir die Kraft gibt, die ich brauche" (Philipper 4,13).

ERBARMUNGSLOS MIT PAPIER

Nach einem Leben im Dienst stellte ein Pastor fest, dass die wichtigste Lektion, die er gelernt hatte, war: „Sei gnädig mit Menschen, aber erbarmungslos mit Papier."

EINE GEFÄHRLICHE SACHE

Sie sollten um jeden Preis das „Herumschieb-Syndrom" vermeiden: ein Blatt Papier vom Schreibtisch in die Schublade, aus der Schublade aufs Regal und schließlich wieder zurück auf den Schreibtisch zu legen. Man hat zwar das Gefühl, sich mit der Sache befasst zu haben, aber nach fünf Wochen und seinem dutzendfachen Wiederauftau-

„SEI GNÄDIG MIT MENSCHEN, ABER ERBARMUNGSLOS MIT PAPIER!"

chen entwickelt man diesem Blatt gegenüber eine deutliche Abneigung: „Nicht schon wieder du!"

Papier ist eine gefährliche Sache. Ein Blatt Papier kann unter einem Stapel von 25 Blättern aus demselben Material hervorlugen. Es kann zusammen mit seinen Verwandten auf dem Boden liegen, sodass Sie vom Schreibtisch zur Tür Slalom laufen müssen. Es kann sich vor Ihnen verstecken, sodass die Suche danach eventuell den ganzen Tag in Anspruch nimmt. So etwas kann zu einem richtigen Albtraum werden.

Löschen Sie Spam-Mails sofort und freunden Sie sich mit Ihrem Papierkorb an. Geben Sie den losen Blättern keine Möglichkeit, sich zu verstecken. Es ist besser, sie in Ordnern als auf Haufen aufzubewahren – die mit dem Abheften verbrachten Minuten ersparen Stunden der Suche.

BRIEFE SCHREIBEN

Wer das Briefeschreiben fürchtet, dem fällt es normalerweise leichter, wenn er den Anlass noch gut vor Augen hat. Briefpapier, Umschläge, Postkarten und Briefmarken zur Hand zu haben, bedeutet, dass man keine Suchexpedition starten oder losgehen und welche kaufen muss, wenn man sie braucht. Man setzt sich einfach hin und schreibt. Ein Dankesbrief geht leicht von der Hand, während das Herz noch von der Freude erfüllt ist. Der Beschwerdebrief beruhigt das Gemüt, bevor man überreagiert und eine Dummheit macht. Den Beileidsbrief schreiben Sie am besten, solange Sie über den Schmerz des anderen echt bekümmert sind, und die Glückwunschkarte im Augenblick der Freude.

Idealerweise sollte man einen Brief, den man bekommt, nur drei Mal in die Hand nehmen: wenn man ihn liest, wenn man ihn beantwortet und wenn man ihn abheftet. Wenn Sie die drei Male auf zwei reduzieren können – umso besser.

PROTOKOLLE ERSTELLEN

Der Protokollführer eines Ausschusses erklärt den Unterschied, den es macht, das Protokoll schon am Tag nach der monatlichen Sitzung zu schreiben. Seine Feststellung lautet: „Wenn ich es drei Wochen hinausschiebe, ist es nur halb so genau, und ich brauche doppelt so lang."

 **DAS CHAOS BESEITIGEN**

EINE LADUNG MÜLL

Zu oft denkt man: „Wir könnten dies noch einmal gebrauchen", oder: „Das könnte eines Tages noch nützlich sein." Eine Rentnerin musste nach vielen Jahren ihre Wohnung zugunsten der Pflege in einem Altenheim aufgeben. Ihr Bruder und seine Frau halfen ihr beim Umzug und entrümpelten auf ihre Bitte hin die alte Wohnung. Nachdem sie ungefähr hundert Säcke voller Müll herausgetragen hatten (sie hatten irgendwann aufgehört zu zählen), sagten sie zueinander: „Wir müssen unbedingt auch mal bei uns ausmisten." Sie gingen ihr eigenes Haus durch, besonders den Speicher, und machten sich dann auf den Weg zur Kleidersammlung und zur städtischen Müllkippe.

SIEBEN OUTFITS

Ein Mann, der immer vorhatte, seine Gewichtsprobleme in Angriff zu nehmen, besaß nicht weniger als sieben Outfits für die verschiedenen Stadien des Zu- oder Abnehmens. Wenn er beim Essen sehr undiszipliniert gewesen war, wählte er Outfit Nummer 7 – Größe XXL. Wenn er aufgepasst hatte, konnte er gelegentlich bis zur Nummer 1 heruntergehen, aber er behielt die anderen sechs „für alle Fälle". Zwangsläufig brauchte er sie auch wieder. Besser wäre es gewesen, sich gleich vom Rest zu trennen, als er bei Nummer 1 angekommen war; dann hätte er eine größere Motivation gehabt, seine schlanke Figur zu behalten.

FÜNF ARTEN DER ENTSORGUNG

* *Geliehenes zurückgeben:* Sie haben sich etwas für eine Woche ausgeliehen und es ein Jahr behalten? Jetzt aber schnell zurück damit!

* *Recycling* ist ein guter Weg der Entsorgung und ein Muss für verantwortliche Bürger.

* *Weggeben:* Besitzen Sie Kleidungsstücke, die Sie nie anziehen? Es gibt da draußen Menschen, die glücklich wären, das zu tragen, was Sie ausmustern.

* *Verkaufen:* Es ist besser, Euros im Portemonnaie zu haben als „Bargeld auf dem Speicher". Dinge, für die Sie keine Verwendung mehr haben, können Sie weiterverkaufen und so die Haushaltskasse aufstocken.

* *Wegwerfen:* Sie verschwenden Platz und belasten sich unnötig, wenn Sie sich nicht von altem Ramsch und Abfall trennen.

Horten und Anhäufen kann ernsthaft Ihr Denken beeinflussen. Eine gute Freundin sagte einmal: „Das Durcheinander in meiner Wohnung verstopft mein Gehirn!" Da ist was dran. Chaos am Arbeitsplatz kann Unordnung im Gehirn erzeugen, genauso wie ein Durcheinander im Gehirn seine Spuren auf dem Schreibtisch oder der Arbeitsfläche hinterlässt.

 **GEIST UND KÖRPER**

Unser Körper beeinflusst unseren Geist. Ob wir etwas aufschieben oder sofort handeln, hängt auch von unserem Gesundheitszustand ab. Und dieser wird wiederum davon beeinflusst, wie wir auf unseren Körper achten.

NAHRUNG

Es ist klar, dass unser Gehirn besser funktioniert, wenn wir uns gesund ernähren. Zu viel oder zu wenig Essen oder auch die falschen Lebensmittel können uns schwach und träge machen. Der ständige Energiemangel führt dazu, Dinge auf die lange Bank zu schieben.

SCHLAF

Mit zu wenig Schlaf ist man zu müde, um gut zu funktionieren, mit zu viel Schlaf hat man weniger Zeit, das zu tun, was man muss. Einige arbeiten effektiver, wenn sie mittags ein Nickerchen halten. Wenn sie das getan haben, kommen sie am Nachmittag und Abend besser zurecht.

SPORT

Unser Respekt vor uns selbst wächst mit unserer Energiekurve. Wenn man regelmäßig Sport treibt, steigert das merklich die Lebensfreude. Man ist viel ausgeglichener. In dieser Gemütsverfassung beschäftigt man sich eher mit den Dingen, die man sonst meiden würde.

PAUSEN

Einige genießen ihre 16-Stunden-Arbeitstage (und prahlen vielleicht damit). Solche Tage mögen für kurze Zeit notwendig sein, langfristig sind sie schlecht fürs Geschäft und gut für einen Burnout. Machen Sie sie zur Ausnahme. Zudem hat sich seit Tausenden von Jahren ein Tag der Ruhe in der Woche als nützlich erwiesen.

Hindernisse sind weniger bedrohlich, wenn Sie bei guter Gesundheit sind. Sie sehen in ihnen dann eher eine Herausforderung als einen Grund für eine Ausrede.

 **HILFE FINDEN**

Weil Sie das Projekt nicht verstehen, zögern Sie, damit zu beginnen ... Sie haben die richtige Ausrüstung, wissen aber nicht, wie man sie benutzt ... Sie haben versucht, den Geheimnissen der Bedienungsanleitung auf den Grund zu gehen – und beschlossen, dass sie von Außerirdischen verfasst wurde.

Sie wissen aus Erfahrung: Je kleiner das Wissen, desto größer ist die Versuchung, etwas aufzuschieben. Also warum suchen Sie sich keine Hilfe?

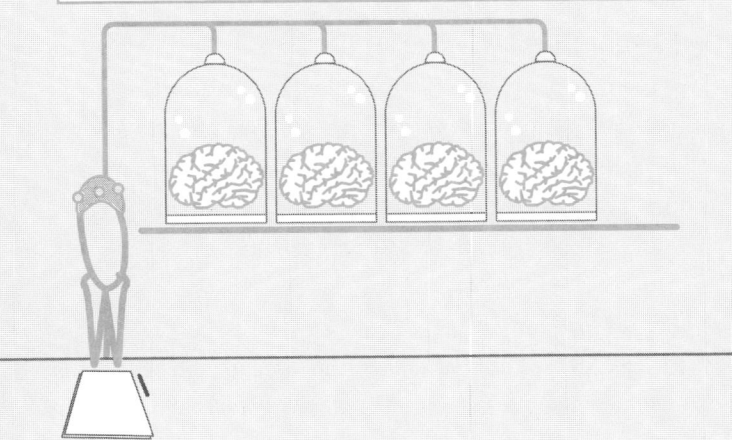

RAT

Der frühere US-Präsident Woodrow Wilson sagte einmal lachend: „Ich nutze nicht nur alle Gehirnzellen, die ich habe, sondern auch alle, die ich mir ausleihen kann."

Es gibt keinen Grund, sich zu schämen, wenn man bei einem Ablagesystem, bei der Finanzplanung, bei der Steuererklärung oder bei Computerproblemen um Hilfe bittet. Ziehen Sie einen Nutzen aus dem Wissen und den Fähigkeiten der anderen. Nehmen Sie an einem Seminar teil, besuchen Sie eine Schulung, gehen Sie in die Bibliothek, suchen Sie im Internet, besprechen Sie etwas mit einem Kollegen oder rufen Sie einen Freund an. So kann man sogar zum richtigen Experten werden!

GESELLSCHAFT

Eine Arbeit mit jemand anderem *zusammen* zu erledigen, lässt die Zeit schneller vergehen und verwandelt oft eine Plackerei in Vergnügen. Es bewahrheitet sich immer wieder, dass geteiltes Leid halbes Leid ist. Und es verleiht ein Gefühl von Gemeinschaft und Geborgenheit.

DELEGIEREN

* ***... wenn die Fähigkeit fehlt:*** Ein Mann schob eine Reparaturarbeit zu Hause endlos auf, weil er einfach nicht wusste, wie er sie bewerkstelligen sollte. Aber er war einfach zu stolz, das zuzugeben. Später gab er kleinlaut zu: „Der Handwerker, den wir schließlich bestellten, war jeden Cent wert."

* ***... wenn die Zeit fehlt:*** Sie können nicht alle Arbeit allein machen. Wenn Sie es doch versuchen, werden Sie feststellen, dass Sie immer mehr aufschieben; die Zeit reicht einfach nicht aus. Geben Sie ab, was auch andere erledigen können.

VERANTWORTUNG

Bei der Arbeit wagen wir meistens nicht, etwas aufzuschieben, weil das einen Verweis oder die Entlassung nach sich ziehen könnte. Doch im Privatleben sieht das oft anders aus. In unstrukturierten Situationen kann es deshalb helfen, wenn wir einem Freund die Verantwortung für uns übertragen: „Ich beabsichtige, dies bis Donnerstagabend erledigt zu haben. Bitte frag mich am Freitagmorgen danach."

Je mehr wir „an die Öffentlichkeit gehen" und Verbündete beteiligen, desto schwerer ist es für uns, den Rückzug anzutreten. Es ist leichter, in Verzögerungstaktiken zurück-zufallen, wenn niemand unsere Pläne kennt. In der Offen-heit liegt Kraft!

ERMUTIGUNG

Warum gewinnen Mannschaften eher, wenn sie ein Heim-spiel haben? Wegen der Ermutigung durch die eigenen Fans. Wenn eine schwierige Aufgabe vor Ihnen liegt, hilft es, Menschen zu haben, die Sie anfeuern.

VORBILDER

Man ist selten der Erste, der ein gewisses Ziel verfolgt oder einen bestimmten Weg geht, also halten Sie Ausschau nach denjenigen, die vor Ihnen dort waren. Wenn diese Menschen erfolgreich waren, können Sie von ihren Erfah-rungen profitieren. Fragen kostet nichts! „Womit hast du am meisten gekämpft? Wie hast du das geschafft? Was war dein Erfolgsgeheimnis?" Es ist erlaubt, sich Vorbilder zu suchen und ihnen nachzueifern.

Je öfter Sie sich der Aufschieberitis stellen und sie überwin-den, desto mehr werden Sie Gefallen daran finden, Dinge in Angriff zu nehmen ...

IN DER OFFENHEIT LIEGT KRAFT

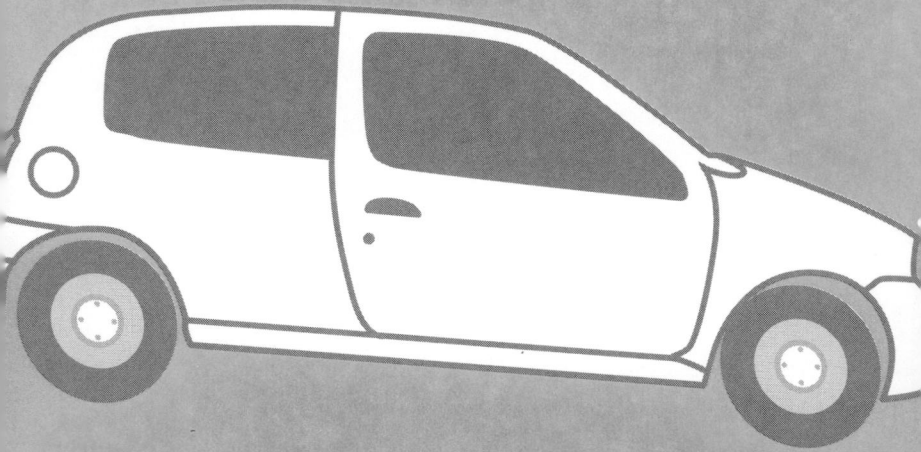

DIE VORTEILE ERKENNEN

... DER WOHLFÜHLFAKTOR

... GESUNDHEIT UND SICHERHEIT

... GELD, ARBEIT, ERFOLG

... FREI GEHEN

... BEZIEHUNGEN KNÜPFEN

DIE VORTEILE ERKENNEN

DIE VORTEILE ERKENNEN

Aufschieberitis bringt sichtbare und unsichtbare Konsequenzen mit sich. Allzu oft muss man für das grundlose Hinauszögern bezahlen. Dagegen hat es enorme Vorteile, nicht ständig herumzutrödeln, sondern Dinge einfach anzupacken.

HIER SIND EINIGE VON IHNEN ... >>

 **DER WOHLFÜHLFAKTOR**

SELBSTACHTUNG

Das gebrochene Versprechen, das vergessene Projekt, die versäumte Entschuldigung, die schlechte Angewohnheit – all das führt dazu, dass man sich schämt. Man kann sich selbst nicht mehr leiden. Doch dann trifft man eine Entscheidung. Oder gleich eine ganze Reihe von Entscheidungen. Und beim nächsten Mal wird das Versprechen gehalten, die Arbeit beendet, die Entschuldigung vorgebracht, die Gewohnheit abgelegt und sich den unangenehmen Gedanken gestellt. Probleme anzupacken, hebt die Selbstachtung: Sie haben sich etwas vorgenommen und es geschafft. Sie sind dem, was Sie erreichen wollten, näher gekommen und gehen hoch erhobenen Kopfes weiter.

WENIGER DRUCK

Wie bei einem Saiteninstrument, dessen Stränge zu stark gespannt wurden, kann uns eine Anforderung förmlich zerreißen. Die Anspannung des Geistes überträgt sich auf den Körper und verursacht Kopf-, Rücken- oder Magenschmerzen. Sie kann sich zudem auch negativ auf unsere Gefühle auswirken und unsere Seele belasten. Aber wenn man sich der Aufschieberitis stellt, verändert sich der Druck: Er wird zum Motor, der uns antreibt, etwas in Angriff zu nehmen. Er liefert den nötigen Antrieb. Man spürt eine innere Leichtigkeit und das Gefühl, über den Dingen zu stehen. Der Kopf ist wieder klar und man kann frei durchatmen.

MEHR ENERGIE

Wir verbrauchen mehr Energie, wenn wir etwas nicht tun, als wenn wir es hinter uns bringen. Der amerikanische Psychologe und Philosoph William James hatte recht, als er sagte: „Nichts ist so ermüdend wie das ewige Festhängen an einer unvollendeten Aufgabe."

Aufschieben ist ermüdend. Aber auch das Gegenteil trifft zu: Loslegen ist aufmunternd.

 ## NEUANFANG

Ein Pilot war daran gewöhnt, Hunderte von Kilometern in einer Stunde zurückzulegen. Doch wenn es darum ging, sich mit den Aspekten seines Lebens zu beschäftigen, die falsch liefen, gab er zu, viel zu langsam zu sein. Er vermied es, sich den Schattenseiten zu stellen.

„Eines Morgens", erzählte er, „ging ich unter die Dusche. Und an diesem Tag passierte etwas Unglaubliches: Als das Wasser über meinen Körper floss, wurde mir mit einem Schlag all das bewusst, was ich so lange verdrängt hatte. Jeder Fehler, jedes Versagen, die Lügen und Verletzungen standen in grellen Bildern vor meinem inneren

Auge. Mein Leben erschien mir völlig sinnlos. In diesem Moment übergab ich Christus mein Leben. Und ich spürte auf eine unglaubliche Weise, dass ich von innen gereinigt wurde. Es war, als ob ich neu geboren werden würde. Seit diesem Tag bin ich Christ."

 **GESUNDHEIT**

Das Aufschieben gefährdet die Gesundheit. Es gibt keinen Zweifel daran, dass Rauchen, Alkohol- und Drogenmissbrauch, unkontrolliertes Essen und zu wenig Bewegung einen großen Einfluss auf unser Leben haben. Je länger wir es hinauszögern, uns mit diesen Themen zu befassen, desto wahrscheinlicher verkürzen wir unser Leben um Jahre.

„Dass ich krank wurde, war das Beste, was mir jemals passiert ist", erklärte ein Mann. „Ich hatte so ungefähr alles falsch gemacht, was das Essen, den Alkohol und die Bewegung betraf. Schließlich ging es bei mir um Leben oder Tod; ich musste mein Leben grundlegend ändern. Heute hat es eine Qualität, die ich nicht kannte, seit ich ein Kind war. Ich hoffe, dass mir noch zusätzliche Jahre bleiben, um es zu genießen."

 **SICHERHEIT**

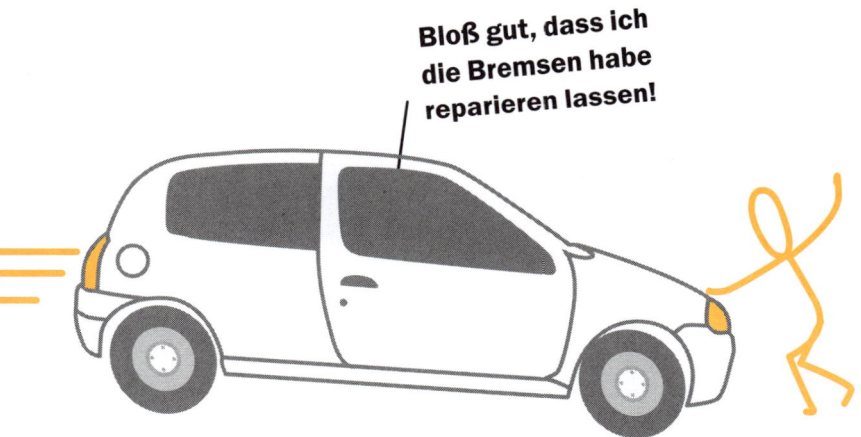

Es ist allgemein bekannt, dass mehr Menschen bei Unfällen im Haushalt sterben als auf der Straße. Die meisten dieser Unfälle hätten durch Vorausdenken und Sorgfalt verhindert werden können. Machen Sie sich die Mühe und kümmern Sie sich noch heute um die grundlegenden Sicherheitsmaßnahmen – und tauschen Sie das „Wenn ich doch nur ..." gegen ein „Ich bin froh, dass ich das getan habe."

Ein Mann war sich bewusst, dass die Bremsen seines Autos nicht richtig griffen. Doch aufgrund des Drucks bei der Arbeit schob er es immer wieder auf, sie überprüfen zu lassen. Schließlich sagte er zu seiner Frau: „Ich muss jetzt wirklich zur Werkstatt fahren." Und tatsächlich mussten dort nicht nur die Bremsen in Ordnung gebracht, sondern auch die Reifen gewechselt werden. Nicht einmal einen Monat später, so erzählt er, fuhr er an einem regnerischen Tag mit dem Auto, als auf einmal ein kleiner Junge, der ihm den Rücken zuwandte, über die Straße tanzte. Der Fahrer machte eine Vollbremsung, die Reifen quietschten und der Wagen kam zum Stehen, wobei er das Kind streifte. Der Junge drehte sich um, lehnte sich an die Motorhaube und starrte den Fahrer an. Dieser gab später zu: „Ich konnte mich nicht bewegen, ich war so schockiert. Als meine Denkfähigkeit zurückzukehren begann, wurde mir klar, dass ich ihn ohne die Reparaturen getötet hätte."

 **GELD**

Ein Paar hatte seit Langem vor, für die Zukunft zu sparen. Immer an Neujahr erinnerten sie sich gegenseitig: „Wir müssen das wirklich tun." Aber mehr als ein paar halbherzige Versuche brachten sie nicht zustande. Der Tag des Ruhestands kam immer näher. Anstatt der Freiheit, auf die sie sich gefreut hatten, kam mit ihm der Zwang, jeden Cent zweimal umdrehen zu müssen. Sorgen und Ärger waren ihre ständigen Begleiter.

Eine Bekannte gab ihrer Freude folgendermaßen Ausdruck: „Ich weiß nicht, wie viel Geld ich schon gespart habe, seit ich meinen Umgang damit endlich verbessert habe. Ich habe immer nur widerwillig Zinsen bezahlt, wenn ich mit Rechnungen spät dran war oder mir erlaubt hatte, in die roten Zahlen zu geraten. Und ich hasste es, zu einem Bußgeld verdonnert zu werden, wenn ich eine Zahlungsfrist überschritt. Das war so dumm von mir. Wenn ich jetzt etwas bezahlen muss, tue ich das sofort. Es ist so einfach! Warum habe ich das nicht vorher auch so gemacht?"

Ein Mann, der über die Vorteile einer Finanzplanung sprach, bemerkte: „Zunächst war es eine lästige Pflicht, die ich wirklich hasste. Aber jetzt, wo ich damit begonnen habe, würde ich niemals zu meiner sorglosen Einstellung gegenüber Geld zurückkehren. Zum ersten Mal seit Jahren weiß ich tatsächlich, wo ich finanziell stehe."

 **ARBEIT**

Wer wird befördert? Manchmal sind es diejenigen, die es nicht verdient haben. Aber meistens trifft es die, die alles erledigen. Wenn man ihnen eine Aufgabe gibt, nehmen sie sie in Angriff. Eine Referenz, die eine Frau einer Bewerbung für eine Stelle beilegte, lautete: „Wenn sie sagt, dass sie etwas tun wird, ist es schon erledigt!" Sie bekam die Stelle sofort.

Ein Mann begann damit, ein Buch zu verfassen, wurde aber abgelenkt. Die ganze Zeit über hatte er den Gedanken an sein Werk im Hinterkopf: „Ich muss damit weitermachen." Doch Monate wurden zu Jahren – um genau zu sein, zu 20 Jahren. Als er sich endlich hinsetzte, um ebenjenes Buch weiterzuschreiben, „brannte" er nicht mehr dafür. Er hatte den Schwung verloren. Der Mann vermutete, dass es nun zwei- oder dreimal so viel Zeit und Anstrengung kosten würde, seinen Traum zu verwirklichen, und er verlor beinahe den Mut. Aber er hat einen neuen Anfang gemacht. Er hatte eine andere Idee, an der er festgehalten und zu der er ein Buch geschrieben hat. Und es wurde veröffentlicht. Ein zweites Buch wird in Kürze in Druck gehen und er hat bereits mit einem dritten begonnen …

Dieser Mann hat gelernt, dass die Belastung durch Arbeit mit der Verzögerung zunimmt. Den gleichen Fehler wollte er nicht noch einmal begehen.

DIE BELASTUNG DURCH ARBEIT NIMMT MIT DER VERZÖGERUNG ZU.

 ERFOLG

Für den Erfolg ist ein Ziel, das man mit Beharrlichkeit verfolgt, wichtiger als Talent. Das größte Hindernis ist dabei nicht die Zeit, sondern die Einstellung ihr gegenüber. Der Golfer Gary Player grinste: „Die Leute sagen mir, dass ich Glück habe, doch ich merke: Je härter ich trainiere, umso mehr Glück habe ich!"

Hinter dem Gewinnen steckt oft strenge Disziplin, aber diejenigen, die bereit sind, diesen Umstand zu ertragen, gewinnen mit größerer Wahrscheinlichkeit den Preis.

Wenn es etwas gibt, das Sie nicht mögen, aber trotzdem tun, und wenn Sie beständig damit weitermachen, entwickeln Sie möglicherweise tatsächlich Spaß daran. Manchmal aufgrund der Tätigkeit selbst, aber zumindest aufgrund der Tatsache, dass Sie sich im Griff haben und es erledigen. Sie merken, dass Sie keine Angst mehr davor haben.

Wenn Sie sich mit kleinen Problemen, bei denen es nicht so sehr auf das Ergebnis ankommt, bald beschäftigen, bereiten Sie sich dadurch vor, auch große Probleme prompt zu bearbeiten. Bei den kleinen Problemen ist es oft nicht das Resultat, das zählt, sondern die Einstellung. Wenn man bereits an dieser Stelle scheitert, wird es wahrscheinlich auch bei den großen Projekten schwierig, den Mut zu finden. Geht man aber die kleinen Aufgaben beherzt an, dann wird man auch dann erfolgreich sein, wenn es wirklich drauf ankommt.

Wer ist ein Erfolgstyp? Es sind die Menschen, die ein Ziel und einen Plan haben und die die Dinge in Angriff nehmen. Sie mögen niemals Wohlstand erreichen, weil sie nicht danach suchen, oder Ruhm, weil sie ihn nicht anstreben –, aber sie haben ein klares Ziel vor Augen und eifern ihm entgegen.

Als junger Mann kehrte der amerikanische Missionar William Borden einem beträchtlichen Familienvermögen den Rücken zu. Er begann damit, Gott in einem Teil der Welt zu dienen, der weit entfernt von dem Wohlstand lag, an den er gewöhnt war. Als er starb, fand man neben seinem Bett eine Notiz, in der er sein Leben mit den knappen Worten zusammengefasst hatte: „Keine Vorräte, kein Zufluchtsort, kein Bedauern."

 ## CHARAKTER

Gibt es Gewohnheiten, für die Sie sich schämen, mit denen Sie sich aber noch nie ernsthaft auseinandergesetzt haben? Oscar Wilde bekannte:

ZÖGERE NICHT ZU VERGEBEN.

„Ich vergaß, dass jede kleine Handlung eines gewöhnlichen Tages den Charakter in die eine oder andere Richtung beeinflusst. Und dass man deswegen das, was man in einer verborgenen Kammer getan hat, eines Tages laut vom Dach des Hauses herunterrufen muss. Ich war nicht mehr Herr meiner selbst. Ich war nicht länger der Kapitän meiner Seele und ich wusste es nicht. Ich erlaubte der Lust, mich zu beherrschen, und ich endete in einer fürchterlichen Schande."

Was Augustinus immer wieder aufschob, ist manchen bekannt: Er versprach sich selbst unendlich oft, seinen ausschweifenden Lebensstil zu ändern. Aber „sofort" war nie jetzt und aus einer kleinen Weile wurden Monate und Jahre. In seinen Aufzeichnungen schreibt er über sein Hadern mit Gott: „Ich bat dich um Keuschheit, doch ich sagte: ‚Mach mich keusch ... aber noch nicht jetzt!'"

Aber schließlich gelang es ihm, sich mit dem zu befassen, was wirklich wichtig war. Heute ist er allgemein bekannt als der Heilige Augustinus, dessen Schriften die Kirche über Jahrhunderte beeinflusst haben.

Es gibt keine Abkürzung auf dem Weg zu einem guten Charakter. Er wird Schritt für Schritt, Minute für Minute, Jahr für Jahr gebildet. Er wächst aus tausend Entscheidungen hervor. Er wird von Selbstlosigkeit geprägt, wenn es zu einem Interessenkonflikt kommt, von Anstand, wenn es viel einbringen würde, unehrlich zu sein, von Loyalität, wenn es allzu einfach wäre, nicht loyal zu sein.

 **FREIHEIT**

Ein Mann bekannte: „Ich spüre einen neidischen Stich, wenn ich diejenigen sehe, die Zeit haben, die Dinge zu tun, die sie tun möchten." Wie kommt es, dass diese Menschen Zeit dafür haben? Sie haben das getan, was sie mussten, egal, ob sie sich danach fühlten oder nicht.

Ein Paar, das sich schon lange im Ruhestand befand, lernte Gesellschaftstanz, ein Anwalt begann zu malen, ein Geschäftsführer wurde Autor. Im Alter haben die Menschen nicht nur mehr Zeit, sie haben vor allem an Zuversicht gewonnen. Man hat sich vielen Hindernissen gestellt und sie überwunden, deswegen sagt einem die Erfahrung: „Ich kann das." Mehr Zeit und mehr Zuversicht bedeuten mehr Freiheit, zu tun und zu sein. Man hat das Leben im Griff.

„ES IST SO UNGERECHT!"

Ein Mann fühlte sich von der Firma, für die er sehr lange treu gearbeitet hatte, ungerecht behandelt. Doch seine Proteste wurden beiseitegewischt. In seinem Herzen fühlte er einen brennenden Schmerz. Wenn seine Gedanken bei der Arbeit einen Moment abschweiften, dachte er ständig an diese Ungerechtigkeit. Wie ein schwarzes Loch breitete sie sich in ihm aus. Wenn er nachts aufwachte, war es immer noch da – „Es ist unfair ... es ist so ungerecht."

Er wusste, dass die Bitterkeit ihn zerstörte und dass er sie loslassen musste. Aber er konnte nicht länger die

Worte aussprechen, die er seit seiner Kindheit kannte: „Und vergib uns unsere Schuld, wie auch wir vergeben unsern Schuldigern."

Fünf Jahre vergingen. Dann ließ ihn ein Schmerz in seiner Brust ängstlich zum Arzt gehen. Die Untersuchung zeigte, dass körperlich alles in Ordnung war. Der Mann merkte, dass es nicht an seinem Herz, sondern an seinem Kopf lag. Die Worte „Es ist so ungerecht" verfolgten ihn und er ließ es zu. Er wusste, dass er sich damit befassen musste. Später sagte er: „Ich weiß nicht mehr, wo ich war oder was ich tat, aber plötzlich ertappte ich mich dabei, dass ich sagte: ‚Ich lasse es los.' Augenblicklich empfand ich Erleichterung. Der Kampf mit mir selbst war vorbei. Innerhalb von 24 Stunden begann der Schmerz in meiner Brust abzuklingen. Nach ein paar Tagen war er verschwunden und kam nie mehr wieder. Ich fühlte mich so befreit! Es war die wichtigste Lektion meines Lebens: ‚Zögere nicht zu vergeben.'"

 **BEZIEHUNGEN**

Ein sehr erfolgreicher Geschäftsmann gab zu: „Ich bin gut darin, geschäftliche Entscheidungen zu treffen, aber ich bin schlecht, wenn es um persönliche Probleme geht. Ich schiebe es stets auf, mich mit ihnen zu befassen." Aber in einem wohlgeordneten, ausgeglichenen Leben schaffen Sie sich Zeit für das Persönliche, besonders für Beziehungen zu Freunden und innerhalb der Familie.

FREUNDSCHAFT

Eine Welt ohne Freunde ist einsam. Warum hat man so wenige, oder wenn man welche hat, warum behält man sie so selten? Vielleicht verdient man keine. Freunde zu finden und die Freundschaften zu erhalten, erfordert Zeit – und Entscheidungen, die diese Zeit ermöglichen. Man telefoniert, schreibt Briefe, verschickt SMS, man besucht sich, man nimmt sich Zeit für seine Freunde. Es steckt Weisheit in dem alten Zitat: „Ich ging hinaus, um einen Freund zu finden, und ich fand keinen. Ich ging hinaus, um ein Freund zu sein, und fand überall Freunde."

EHE

Wir leben, reden, arbeiten und lieben miteinander. Aber all das benötigt Zeit, weil Zeit und Zweisamkeit das Herzstück einer Ehe sind. Es ist möglich, dass eine Ehe lang, aber unglücklich ist, weil wir Zeit, aber keine Liebe haben. Doch es gibt keine Liebe ohne Zeit.

„Wir wussten seit Jahren", sagte ein Paar, „dass wir uns füreinander Zeit nehmen mussten, aber bei uns hinkte die Praxis der Theorie hinterher. Doch als wir uns schließlich die Zeit nahmen, veränderte das unsere Beziehung grundlegend."

KINDER

Ein Mann erzählte von seiner Liebe zum Fußball, als er ein kleiner Junge war. Er erinnerte sich: „Mein Vater kam insgesamt nur zwei Mal, um mich spielen zu sehen. Vielleicht hatte er vor zu kommen, aber irgendwie schaffte er es nicht. Das schmerzte damals und tut es auch noch heute." Der Mann, der das mit Tränen in den Augen sagte, war weit über 40 Jahre alt.

Ein Teenager-Mädchen erklärte: „Ich weiß, dass meine Eltern mich lieben, weil sie immer Zeit für mich haben."

Eine Mutter, die von der Verantwortung sprach, die das Elternsein mit sich bringt, sagte: „Ich werde nur ein kleines Stück vom Kuchen abbekommen. Deswegen muss ich es mir jetzt schnappen! Nur noch ein paar Jahre und die Kinder sind aus dem Haus."

Trotz der oben genannten Vorteile, die es hat, Dinge anzugehen, ist es notwendig, auch innezuhalten und die Fortschritte immer wieder zu überprüfen …

111

FORTSCHRITTE ÜBERPRÜFEN

... RÜCKSCHLÄGE SIND
KEINE SACKGASSEN

... DIE ZIELE ÜBERPRÜFEN

... DIE PLÄNE ÜBERDENKEN

... GEWOHNHEITEN ENTWICKELN

... BESTÄNDIG DRANBLEIBEN

FORTSCHRITT
ÜBERPRÜFEN

FORTSCHRITTE ÜBERPRÜFEN

Bei jedem Projekt ist es wie im richtigen Leben: Das Geheimnis des Erfolgs besteht darin, bei seinen Zielen beständig und in seinem Handeln beharrlich zu sein. Aber weil es allzu leicht ist, sich ablenken zu lassen, müssen die Fortschritte immer wieder überprüft und bewertet werden.

In der Schule helfen Tests, Klausuren und Arbeitsblätter dabei, sich auf die Abschluss-prüfung vorzubereiten. Man mag sie nicht, aber sie zeigen, was man noch nicht weiß. Oder wie viel man wiederholen muss. Genau-so muss man auch bei seinen Zielen und Handlungen ab und zu innehalten und über-prüfen, wie es vorangeht.

RÜCKSCHLÄGE SIND KEINE SACKGASSEN

Sie müssen realistisch sein und Rückschläge als einen Teil des Fortschritts akzeptieren. Nur bei wenigen Erfolgsdiagrammen geht die Kurve ständig aufwärts. Ein bisschen Erfolg ist immerhin besser als gar kein Erfolg.

Da ist ein Mensch, der beschlossen hat, sich zu ändern, und an sechs Tagen hintereinander erledigt er alles sofort. Am siebten Tag schiebt er etwas auf und sagt sofort: „Jetzt geht das schon wieder los! Das wird eh nichts, ich kann genauso gut aufgeben." Er schaut auf das eine Versagen und macht sich selbst nieder, anstatt stolz auf seine sechs Erfolge zu sein.

Ein Rückschlag ist keine Sackgasse. An Edison erinnert man sich nicht aufgrund seiner Fehltritte, sondern wegen seiner Erfolge. Wenn Sie diese Worte lesen, geschieht das höchstwahrscheinlich mithilfe einer dieser Erfolge – der elektrischen Glühbirne.

Ein Kind, das laufen lernt, fällt zwar immer wieder hin, aber es ruft nicht: „Ich gebe dieses blöde Laufen auf!" Es steht auf und versucht es weiter.

Auf Petrus' Verleugnung Jesu, die bei Weitem nicht das Ende seiner Jüngerschaft bedeutete, folgte seine mutige Aussage: „Man muss Gott mehr gehorchen als den Menschen" (Apostelgeschichte 5,29) – und ein rückhaltlos für Christus gelebtes Leben.

 DIE ZIELE ÜBERPRÜFEN

Nehmen wir an, sie haben es geschafft: Ihre Ziele sind klar, Sie gehen mit einer größeren Freiheit und wachsenden Zuversicht durchs Leben. Das ist gut. Aber was passiert, wenn der Tag kommt, an dem der brennende Wunsch, ihr Ziel zu erreichen, nicht mehr da ist? Warum könnte das geschehen?

* ***Möglicherweise war es nie ein gutes Ziel.*** Oder selbst wenn es das einmal war, dann ist es vielleicht jetzt nicht mehr gut für Sie. Im Rückblick auf sein Leben sagte der britische Journalist Malcolm Muggeridge: „Was mich am härtesten trifft: Das, was mir zu dieser Zeit als das Wichtigste und Schönste erschien, ist für mich nun das Sinnloseste und Abwegigste." Im Alter hatte sich Muggeridge zum christlichen Glauben bekehrt und dadurch die Ziele für sein Leben völlig neu definiert.

* ***Eventuell gab es zu viele andere Ziele*** und Sie waren überfordert – und verwirrt. Der Komponist Igor Strawinsky erklärte: „Meine Freiheit wird desto größer

und bedeutsamer sein, je enger ich mein Handlungs-
feld begrenze." Man muss vereinfachen können.

* *Vielleicht ist man nachlässig geworden.* Der Traum,
  das Ziel und der Plan waren gut, aber man hat den Fuß
  vom Gaspedal genommen und ist langsamer geworden – oder hat sogar angehalten. Aber man kann
  wieder loslegen! Wie? Indem man gedanklich zum
  Anfang zurückkehrt: Ist der Traum immer noch das,
  was Sie sich wirklich wünschen? Wenn ja, ist dann das
  Ziel immer noch gültig? Wenn ja, ist der Plan noch
  durchführbar? Wenn all dies zutrifft, dann besteht
  das Geheimnis nicht im Warten, sondern darin,
  weiterzumachen, sodass der Wunsch von Neuem zu
  brennen beginnt. Der Appetit kommt beim Essen.

ERFOLG UND
VERSAGEN ENTSTEHEN
HAUPTSÄCHLICH
AUS GEWOHNHEITEN.

 DIE PLÄNE ÜBERDENKEN

Vielleicht funktionieren Ihre Pläne gut und müssen nur ein wenig angepasst werden. Aber falls dem nicht so ist, kann es dafür folgende Gründe geben:

* ***Die Pläne waren unrealistisch.*** Die Aufgabe war zu umfangreich und Sie haben die Zeit, die Sie dafür benötigten, nicht richtig eingeschätzt. Die Schublade ließ sich nicht mehr öffnen, weil Sie versucht haben, zu viel in ein zu kleines Fach zu stopfen.

* ***Die Pläne waren zu starr.*** Als das Unvorhergesehene passierte, waren die Pläne nicht flexibel genug. Sie haben keinen Raum für Unterbrechungen oder Veränderungen gelassen.

* ***Es fehlte die Unterstützung.*** Wenn Sie nicht die Zeit oder die nötige Fähigkeit besitzen, um Ihre Pläne auszuführen, gibt es Menschen, die Ihnen helfen können. Halten Sie ohne Scham nach denjenigen Ausschau, die Sie unterstützen könnten. Wir alle brauchen Hilfe und Ermutigung.

* ***Es mangelte an Disziplin.*** Die Aufschieberitis hat sich wieder eingeschlichen und Sie haben sich dabei ertappt, dass die Disziplin nachließ? Wenn das Zuckerbrot nicht geholfen hat, tut es vielleicht die Peitsche – natürlich rein bildlich gesprochen. Manche von uns merken, dass es einen zusätzlichen Anreiz schafft, sich selbst etwas vorzuenthalten, bis man wieder auf den richtigen Weg zurückgekehrt ist.

GEWOHNHEITEN ENTWICKELN

Weit davon entfernt, das Leben langweilig zu machen, ist Routine ungeheuer befreiend. Die Dinge, die man gerne aufschiebt, mögen für sich gesehen nicht aufregend sein. Wenn man sie aber hinter sich bringt, ohne sich groß dafür entscheiden zu müssen, hat man danach mehr Raum für Spontanität.

Je mehr Entscheidungen man treffen muss, desto wahrscheinlicher wird man etwas aufschieben. Aber wenn man routinemäßig auf eine bestimmte Art und Weise handelt, dann verschwinden die Entscheidungsmöglich-keiten und mit ihnen die Chance, etwas hinauszuzögern. Man tut es einfach. Erfolg und Versagen entstehen hauptsächlich aus Gewohnheiten.

In seiner Zeit als Thomaskantor in Leipzig komponierte Johann Sebastian Bach fünf Jahre lang jeweils eine Kantate für jeden Sonntag. Es ist unmöglich, sich vorzu-stellen, dass er sich immer danach fühlte. Es war Routine. Er musste nicht darüber nachdenken, ob er es machen sollte oder nicht, er tat es einfach.

Das Entstehen von schlechten Gewohnheiten geschieht leicht und meistens unbewusst. Aber mit ihnen zu brechen, ist schwer und muss bewusst passieren. Das gilt auch für das Bilden von guten Gewohnheiten. Jemand formulierte das einmal folgendermaßen: „Zuerst musste ich mich dazu entschieden, daraus eine Gewohnheit zu machen, aber jetzt geschieht es ganz von allein."

Weit davon entfernt, eine Fessel zu sein, ist Routine eine Klinke, die die Tür zur Freiheit öffnet.

 ## BESTÄNDIG DRANBLEIBEN

Auf der Titelseite einer Anleitung zum Gitarrespielen stand der gewagte Slogan: „Spielen lernen an einem Tag!" Das war ein Traum! Einige ließen sich begeistern und machten das Gitarrespielen zu ihrem Ziel. Doch auf der Rückseite stand die Erinnerung: „Übe jeden Tag!"

Wir müssen beständig dranbleiben.

PACK'S AN!
VIER HANDGRIFFE

... ZUGEBEN
... MUT FASSEN
... ABWÄGEN
... LOSLEGEN

PACK'S AN!
VIER HANDGRIFFE

PACK'S AN!
VIER HANDGRIFFE

1 DAS PROBLEM ZUGEBEN

Aufschieberitis ist keine harmlose Marotte. Sie ist ein übler Feind, weil es keinen Bereich im Leben gibt, in dem sie keinen Schaden anrichtet. Sie beraubt Sie Ihrer besten Jahre. Sie gehen durchs Leben und hinterlassen hinter sich eine Spur von gebrochenen Versprechen, unerfüllten Hoffnungen und ernsthaftem Bedauern. Ihr Verschieben auf morgen verhindert Gelegenheiten und schädigt Ihre Beziehungen. Es hält Sie davon ab, der Mensch zu werden, der Sie in Ihren Träumen sind, und es kann sogar lebensbedrohlich sein. Es ist sicher, dass Sie sich ändern müssen, aber Sie können nicht ändern, was Sie nicht zugeben.

GLAUBEN, DASS MAN SICH ÄNDERN KANN

Es gibt einen Weg, wie das Leben funktionieren kann: Erinnern Sie sich daran, dass ein Traum nicht genug ist, er erfordert ein Ziel. Und auch ein Ziel allein hilft nicht viel, es erfordert einen Plan. Der Plan wiederum erfordert den Willen zum Handeln. Wenn Sie bei Ihrem Zeitmanagement konsequent sind und nach den Methoden vorgehen, die von vielen Menschen über Jahre ausprobiert wurden, werden Sie den Unterschied sehen. Das Leben wird mehr von Ihren Entscheidungen als vom Zufall bestimmt. Wenn Sie mutig daran glauben und Ihre Aufschieberitis in Angriff nehmen, kann sich Ihr Leben verändern.

 ## DEN UNTERSCHIED BEDENKEN

Nicht mehr so viel aufzuschieben, wird Ihnen Folgendes bringen:
* *weniger* Menschen, die durch das Aufschieben verzweifelt und verletzt sind;
* *mehr* Zeit, Erfolg und Freiheit;
* eine *bessere* Organisation, Gesundheit, Arbeit, tiefere Freundschaften, ein harmonisches Familienleben und, was am allerwichtigsten ist: mehr Selbstachtung!

✳ eine **größere** Kompetenz und Zuversicht und ein gesundes Gefühl, Ihr Leben im Griff zu haben. Ihr Leben *wird* sich ändern.

4 SICH ENTSCHEIDEN, ES ZU TUN

Tun Sie es ... legen Sie einfach los ...
Packen Sie's an!
Und das Leben läuft.

Mindy Starns Clark

Das Haus, das sich von selbst aufräumt

Endlich Ordnung in Ihren vier Wänden

ca. 240 Seiten, gebunden · Format 13,5 x 20,5 cm
Best.-Nr. 226.228

Wer sehnt sich nicht danach, ein aufgeräumtes und sauberes Haus zu haben, das auch noch möglichst lange in diesem Zustand bleibt? Mit dem gelungenen, System und den vielen Tipps von Mindy Starns Clark wird dies möglich, und das in weniger Zeit, als man glauben würde.

Die amerikanische Autorin erklärt anhand von sieben Schritten, wie man ein Haus so aufräumen und umgestalten kann, dass neue Unordnung weitestgehend vermieden wird. Es handelt sich um ein System, das langfristig wirkt und bei dem sogar die Familienmitglieder, ohne es zu merken, mit einbezogen werden können. Persönliche Erfahrungen und Ideen der Autorin, wie man Gott mehr Raum in den eigenen vier Wänden geben kann, bereichern das Buch zusätzlich.

Funktioniert auch in Wohnungen